U0880218

与大师谈艺

三釜书屋

程十发

郑重 著

文匯出版社

前言

“与大师谈艺”是一个口述系列，记录了谢稚柳、唐云、程十发、陈佩秋艺术实践的体验和感受。我和他们交游数十年，或看他们伏案作画，或是天马行空式的交谈，对他们可谓是听其言而观其行了，从而渐渐悟到他们在纸上行笔、用墨、用水、用彩的不同，是来自他们内心的体验和感受的不同。我想由他们“自说自画”一番，把内心的体验和表现出来的艺术做一次重新融合，不是比别人的评论更好吗？由于有着这样的潜在动机，他们言之无意，我听之有心，所以就形成了“与大师谈艺”这样的口述系列。

中国绘画的理论多发端自画家的体验与感受。顾恺之的“传神论”可谓是中国绘画理论的成熟之作，起始“画女于壁”，虽“四体妍媸”，但“亡关于妙处”，不甚生动，后忽有所悟“传神写照正在阿堵（指这个）之中”，绘之于墙的人物就变活了。后人易“堵”为“睹”，意思相通，其他如“手挥五弦，目送飞鸿”“妙想迁得”，都是从他的体验中来。南朝宗炳凡游历皆图于壁，以作“卧游”之乐，“澄怀观道”“澄怀味象”“万趣融其神思”，他非常感叹“余复何为哉”，“畅神而已”。这种以自问自答的方式，表达了内心的体验，提出了“畅神”之说，成了山水画论开山而又成熟之作。谢赫综合“传神”“畅神”之说，提出了“六法论”，使中国绘画理论达到系统化完整，但自身的体验远不如顾、宗二位来得深刻。

谢稚柳极为赞同“眼高手低”之说，他认为绘画总是眼高于手，才能推动手的提高。顾恺之的“传神”、宗炳的“畅神”之说，标志着中国绘画的理论高峰，他们的绘画能否称得上艺术高峰，那就有待讨论了。但是在他们的理论指导下，唐宋绘画走向高峰，这是无可置疑的。晚唐的张璪还说“外师造化，中得心源”，还在追随顾恺之、宗炳，仍然重视体验，做到主观与客观的结合。可以这样断定，没有魏晋六朝的“眼高”（理论），中国画的高峰可能要晚些时候出现。自元以后，中国绘画走向衰微，除了技巧的衰落，我想更为重要的是画家对体验的疏远，或是内心浅薄造成的。

“与大师谈艺”四种，所注重的是挖掘老画家的体验，他们的画风的演变，不只是技巧的变革，而是随体验的深入在发生变化。画家的体验作为绘画的一个重要因素，在今天被人们忽略了。我生性迟钝不敏，对名家所谈理解肤浅，只能做到他们谈啥我就记啥。这里所记只不过是他们所谈之万一，疏漏多多，记错也难免，敬请见谅。

代序 程十发的幽默

十发，姓程，名潼，号十发，取“一程十发”之意。《说文》：“十发为程，十程为分，十分为寸。”“发”者，古量器中最微小之数也。历史上的程姓名字中用数词的有唐人程千秋、宋人程千里、宋人程九万、元人程一飞、明人程一枝，无论是“十发”或“百发”，论其量都是不好和这些名字相比的。十发这个名字是老师李仲乾给他起的，十发说：“我在学校里只有姓和名，叫程潼，而没有字，所以给自己刻图章的时候，总是重复刻程潼。李老师觉得奇怪，问我有没有字，我说没有。李老师说我给你起一个字，叫‘十发’，取‘十发为一程’之意。从此我就用十发，名不大用了。”

十发为画坛之奇才。远观者，爱其画，欲知其人；近观者，爱其画，亦爱其人。余与十发相识近四十年，对他仍介乎于近远之间，所以对他的探索之心未泯，欲入其堂奥，观其画，听其言，识其心，企盼对他求得真知。

一个春寒料峭的下午，余西行剑河，去十发隐居之处探访。适高花阁主陈佩秋飘然而至，两人相见甚欢。高花阁主刚完成“布置画”，日夜挥毫，劳累过度，腰腿酸痛未愈，对十发说：“你是老大，我是老二，我当然要多干活了。”十发说：“谢，谢，谢！”高花阁主说：“我们现在是近邻，你什么时候需要交流了，一个电话，我即过来和你聊天。”十发说：“应该我去看你。”高花阁主说：“你是老大，还是我去看你。”十发说：“不，我去看你，三天之内我就去看你。”高花阁主说："你现在手抖得好些了，我看你的线条抖出许多新意，是过去没有的。"十发说："我那是精神抖擞。"在大师凋零的年代，交流特别可贵。

"非典"肆虐，人心惶然，某日余又西行去剑河，见十发作《采药女》，背后修竹一丛，寓意竹报平安，题曰："深山采药抗'非典'。"他说："现在大家都在抗'非典'，李时珍的孙女请缨抗敌，大家平安。"

十发的幽默发自内心，天性使然，常是随机而出，水到渠成。手指颤抖本是画家的不便，他能以"精神抖擞"应对；电梯出了故障，上上下下不停，他说是"七上八下"；啤酒与汽水掺饮本是饭局中常见之事，他说"喝了会发脾（啤）气（汽）"；喝酸奶，他说"不能喝得太多，喝多了有酸腐气"。在饭桌上，十发常机锋迭出，令人喷饭。十发患气喘疾，常喘息不止，他与人戏曰："我气量小。"十发曾住高邮路，不知者问曰："居何地？"他答曰："咸蛋路。"因高邮的咸蛋闻名于世，由联想而生的幽默。某理发店请十发题匾，十发操笔题写"要侬好看"四字，来者曰："万万使不得，顾客都被吓跑了。"不知十发之幽默。一位画家见十发作画，色彩动人，欲乞一色，不日，十发赠其颜料一盒，并戏曰："拨侬点颜色看看。"

十发画，素来求者如云，且有求必应，故其应酬之多，世界少有。有位书画爱好者，向十发索画。十发因画事太多未能及时画出。索画者曰："我已经跑了七八趟了。"十发戏之曰："你倒是八大山人了。"并将此戏语题于画上，别有风趣。一位从业银行者向十发索画，十发问："你懂画？"索者答："我不懂画。"十发曰："你不懂画要它干什么？"索者曰："白天和钱打交道，晚上消遣消遣。"十发曰："我和你一样，白天画画，晚上也消遣，也有个爱好，欢喜看货币，美元、英镑、法郎、马克，我都欢喜看。"以其人之道，还治其人之心。有求画者，索得十发画一帧，返里，论者有称画不真者。索者旋返沪上，言其原委，十发不愠不恼，遂当此君之面，挥毫作图，并令人家拍照存真，以此画与照片并赠索者。此足见十发善解人意，大度有致。

十发爱朋友，重友情。电视节目主持名家曹可凡，因煤气中毒，经抢救化险为夷，十发慰问之，并曰："你不会死，因你名曹可凡，如果你叫曹不凡，就活不过来了。"文弱的十发欢喜勇猛的足球，但和足球教练徐根宝素昧平生。徐根宝兵败吉隆坡，责怪之声沸起，十发赠一套《孙子兵法》，以"胜败乃兵家常事"之语相慰。徐根宝在崇明办足球学校，十发坐轮椅前往祝贺，和足球娃娃们在一起玩了一天。勇猛的人也有脆弱的时候，十发深知此理。徐根宝去昆明训练，十发作《迟开的茶花》相赠。某日，徐根宝来看十发，十发向客人介绍曰："我们是手足之情。"客人不解，十发又曰："我用手作画，他用足踢球，乃手足之缘也。"香港电影导演李翰祥是十发的好友。李翰祥病逝，十发伤心，对曹可凡说："你还记得李翰祥吗？他去世了，这两天晚上做梦，天天梦见他。"失去朋友悲恸之深，尽在几句话语中。

程十发自画像

日本著名书法家梅舒乙，和十发交谊甚笃。梅氏在上海中国画院举办书法展览，开幕的那天大雨滂沱，经久不停，到会的人很少，冷清得很，这对来自东邦的书道大师来说，多少有点美中不足之感。十发致词曰："今天落雨，只来了五六十人，其实已经不少了。当年王羲之兰亭雅集，到会的只有四十二人。王羲之是书圣，只有四十二人到会。参加

程十发捐画抗“非典”

梅先生书法大展的有五六十人，超过书圣王羲之……”真是妙语惊人，克诚相敬，皆大欢喜。

生活幽默和艺术幽默相一致，在艺术的幽默之语中藏着真知。郭河阳论山水有“平远、深远、高远”“三远”之说，十发云：“要在‘心远’。得心远之法，‘三远’也就在其中矣。”中国画界常有激越之猛，视优秀传统为粪土，猛烈抨击之，十发语金石书画大家韩天衡曰：“汽车朝前开，还要装上反光镜呐。”气息平和，言浅理邃。对艺术的新与旧，十发常以饮茶的杯子相喻：“如果不把杯子的旧茶倒掉，又怎能再泡新茶呢？”艺术体验与生活体验相通，把生活中的悟性运用到艺术中去，即是悟艺之大道。

十发把艺术创造喻之为盖房与拆房，他的高足、人物画大家毛国伦铭记师言：

> 四十年来给自己盖了一间房子，十分艰苦。我像造茧一样，不是在房子外面砌墙，而是在房子里面添砖。总算屋顶有了，四周的墙壁也已经砌到最后一块砖，当我松一口气庆贺自己的工程完工时，我困在房子里出不来了。只有拆去房子的一部分，我才能生活下去，于是我拆了旧房子，又想从头学起，准备造新房子。

在十发六十余年的艺术生涯中，他不停地在搬砖运瓦，几经艰辛，为自己盖了三座房子，一座是修竹远山楼，一座是三釜书屋，一座是九松山庄。第一座房子盖在故乡松江，有着浓郁的乡音、乡情、乡思；第二座房子盖在海上，吞吐云雾，海纳百川，有着有容乃大之气概；第三座房子盖到太平洋彼岸去了，不想再做隔岸观火者，而是要做火中凤凰，晚年修炼，再塑一个金身。

“修竹远山楼”释义

王蒙有一幅杰作，画远山隐隐，绿水迢迢，一丛修竹摇曳，山亭中人静观，近景牛毛皴之山石，扪手可摸，如松江之风景。画的右上题篆书“修竹远山”四字，并有跋云：“昔文湖州作暮霭看横，宋□□题识卷首，观其笔力不在郭熙之下，于树石间写丛竹，乃自其肺腑中流出，又不可以笔墨蹊径观也。子文、广文出纸求画修竹远山，惜乎仆之笔力不能似郭，写竹又岂敢仿湖州也哉。至若拙朴鄙野纵意涂沫，聊可以写一时之趣，姑塞广文之雅意云。黄鹤山中人王蒙书。”

此画深合十发的胸臆，喜而购藏之，名其斋为“修竹远山楼”，并自书榜首，悬之于松江别墅。

十发藏画颇丰，名作佳制亦不在少数，何以对王蒙的《修竹远山图》情有独钟？

对“元四家”，十发不但倾心其笔墨情，而且喜欢追寻他们的遗踪。这几位平民画家，自然不会有什么豪宅故居保留下来，但黄土一抔、荒草数茎的墓地还是有的。他到无锡去谒拜倪云林之墓，到嘉善拜吴镇之墓。黄公望的墓有多处，可能以富春江畔的墓最可靠。十发并不

程十发挥毫创作

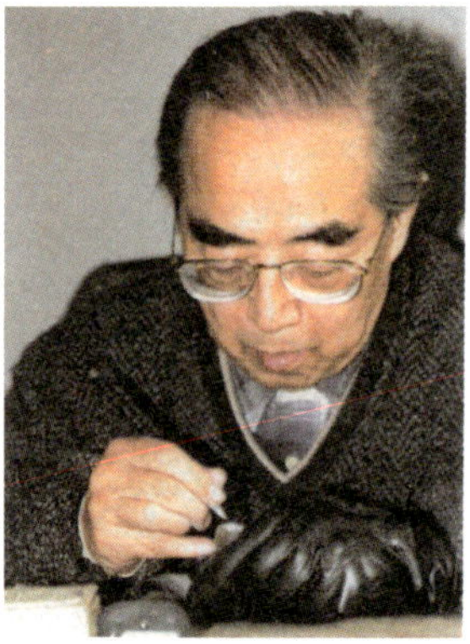

程十发为徐根宝制印

日本书法家梅舒乙为程十发题“三釜书屋”匾额

探究是真墓还是空穴一座，他都是流连感怀，不舍离去。但是，使十发感到遗憾的，是没有找到王蒙的墓。王蒙自元入明，隐居临平黄鹤山，号黄鹤山樵。洪武初年出任泰安知府。因为他是大画家，曾受宰相胡惟庸之邀，到胡府看过画。胡惟庸因谋反罪而被抄斩，王蒙也因受牵连被捕入狱，死于狱中。王蒙又是汉人降元的大画家赵孟頫的外孙，在朝代更迭的动乱之际，名人尤为引人注目，他死于狱中，可能没有人敢收其尸，故墓穴也没有了。王蒙徒役于何处？十发分析可能在崇明岛，那里是朱元璋关犯人的地方。

对王蒙的遭遇，十发不无感慨地对笔者说：我是个好事者，去找“元四家”的墓，其他三位画家的墓都找到了，就是找不到王蒙的墓。王蒙是赵孟頫的外孙，可能因为政治关系，和朱元璋有矛盾，所以他死后墓没有留下来。其他三位画家，都是平民百姓，现在名声不得了，当时没有人注意他们，所以墓都留了下来。上海崇明有个演武厅，有一批被认为罪不大的人，在那里劳改致死，都是没有墓的。黄道周的墓也有几座，都是后人给他修的。这些老先生都看不到了，有时做梦还会看到。我有一张王蒙的《修竹远山图》，很远的地平线上有几座山，松江的风景也是这个样子，我把它买下来。修竹远山，非常平淡，是一种意境，所以我就借过来，以此为斋名。

程十发在九松山庄创作

张金锜在九松山庄创作

王蒙《修竹远山图》

目录

篇之壹

故乡的泥土最肥沃

走进程十发的艺术世界，可以听到他的乡音，可以感觉到他的乡情，可以闻到从故乡的泥土中散发出来的芳香，当然，也能品味出他的艺术中那股淡淡的乡愁。

医家的儿子不学医

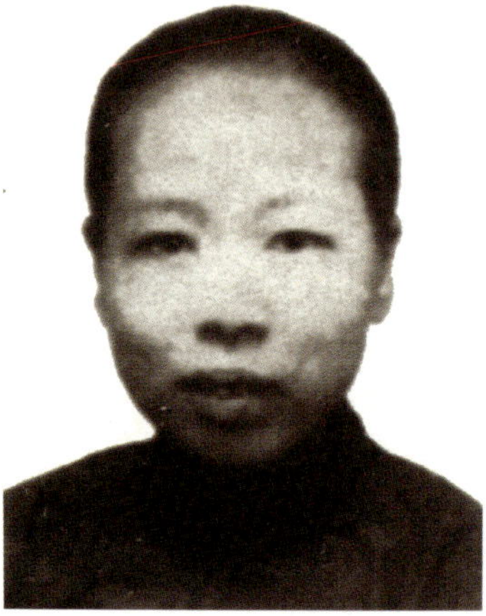

程十发的母亲

十发九岁丧父，本来是行医之家的小康生活陷入困顿，母亲不忍使儿子学业荒废，便自己行医为乡下人治病，一个人挑起了家庭的担子。在那些年中，十发学习也更加勤奋。由于条件限制，他没有机会接触古人真迹，只能借到一些珂罗版的画册，在他已是心满意足。有一次，他看到一本《黄鹤山樵画册》，爱不释手，想买下，又没有钱，只好借来日夜临摹，把画册上的一幅幅小画，都放大若干倍，画成像原作一般大的作品。王蒙的牛毛皴，画得非常细。那时，家里没有电灯，他就在油灯的微弱光线下着意摹写。这种时候，他的心完全融入画中，周围的黑暗好像暂时隐退了，艺术的光明呈现在眼前，使他欢欣和陶醉。他忘情地画着，画着，直到灯油燃尽，灯芯烧焦。他的刻苦好学不仅感动了母亲，而且倾倒了邻里。当时乡间老太婆念佛，要边念边用香棒点，后来她们看见程十发画一棵柏树也要用笔点无数次，便善意地笑他："看，程潼又在念佛了。"终于，随着学习的不断进步，他戴上了近视眼镜。

十发在上海延庆路旧居前迎面有一块招牌，虽非名贵木料制作，看来年深日久，算起来倒是19世纪的东西。上写："枫泾世医程恩斋子子美儒理男妇大方脉。"画家的家里怎么会有行医的招牌？

一天，笔者和十发谈起这块招牌，十发说："招牌的世斋公是我的曾祖。我们程家原籍皖南，太平天国后期，避乱到枫泾定居，住太平坊

（现和平街）。他老人家是个读书人，精通医道，所以称儒医。生子二人，一位是先祖父子美公，还有一位叔族就忘其名了。先祖生先父欣木公。三代都是克绍箕裘，既读书，亦行医。连先母丁太夫人，也通医道。”

后来，十发将祖上行医的招牌献给枫泾镇。该镇把十发的祖居加以修葺，室内陈设十发先人的遗物，诊所用的桌子和药橱，还请刘旦宅题写“程十发祖居”的匾额。十发见之甚喜，说：“刘旦宅的字写得很有力，难得。”枫泾镇街新建牌楼，由十发题写“枫泾”二字。其子程助说：“这里是皇帝御书的位子。”十发风趣地说：“那我要被砍头了。”

程十发《仿黄鹤山樵山水》

“我听陈佩秋说，你们在接待英国作家韩素音时，你就说因数学不好，才学画，是这样吗？”

十发答道：“这也叫无缘凑巧，七拼八凑，把个医生的儿子凑成画画的。说起原因嘛，首先是我九岁丧父，失去学医的‘近水楼台’。其次，不学医就要学现代科学，不料我在中学读书，数理化老是读不进，升学无希望。三是从小就受点书画熏陶。旧社会行医，书法不好，就要被人看轻，何况先父本身就善书法。他老人家有几个朋友也精于此道，常来家中论画评书。其中有一位张定九先生，是张阁老张祥河的后代，特别喜欢我，常常带来纸笔，教我写字画画。因此，从小脑子里就有一个念头：画画有趣。数理化搞不来，医道勿学成，于是就混进了上海美术专科学校国画系。”

十步之内有芳邻

在松江，十发有不少特殊的邻居。十发对我有这样一段陈述：

> 我七八岁的时候，张大千搬到松江来住了，就住在赵姓邻居家，房子很大，从大门进去，前面到后面，一进、两进、三进，很深远。我们小朋友有时跑进这座大房子去玩。张先生还在松江出家当和尚。不过，我那时并不知道张大千。赵姓人家东边就是张祥河的四铜鼓斋，张家有苗族圆铜鼓。张老先生还闹了个笑话。苗族铜鼓本来是放在地上敲打的，他不懂，为铜鼓做了架子，把铜鼓立起来敲打。我去玩的时候，只有两个铜鼓了。张祥河的下辈和我父亲很要好。张祥河的“春风草堂”过一段时间就有一次聚会，我父亲参加聚会，在那里认识了许多朋友。有一年秋天，他们举行了盂兰会，我父亲和张祥河的后人张定九都喝醉了，两个人坐着小船，你送我，我送你，结果两个人都落在水里了。这位张先生送了我两本书：一是青山草堂《竹谱》，原刻本，有彩色；还有一本是胡佩衡的《山水画入门》。我后来对绘画发生兴趣和这两本书很有关系。

张祥河是张照的重孙，曾任广西布政使，著作有《四铜鼓斋论画集》，其中载有《石涛画语录》。石涛的这本画论能流传下来，张氏是有功的。张照，康熙进士，参与修《大清会典》，曾任内阁学士、刑部左侍郎、左都御史，雍正间任刑部尚书。卒谥文敏，和董（其昌）文敏、赵（孟頫）文敏，并称华亭“三文敏”。做过御史的人，总要有一点直谏的刚阿精神。张照具有江南才子那种倜傥洒脱的品性，他善书，作品有华亭书派的温润秀丽、灵动优雅；他的楷书、行书深得康熙、雍正、乾隆三朝皇帝的特别垂青。

对另一位同乡胡公寿，十发甚为推崇。在《胡公寿四条屏题跋》中，他写道："胡公寿画，吾髫龄时于家中纱窗棂上临其大略，家人深喜，誉为有为。长而习画，师告我法乎上，如是胡画不甚重视也。中年后探求任伯年之画略广，思伯年师萧山二任外，其犀利活泼法自横云，盖公寿用笔灵动，海派之祭酒也。伯年素服膺，即法书亦类之。早岁即命馆曰倚鹤轩，乃胡公以寄鹤为轩也。"公寿名远，公寿为其字，号瘦鹃，又号横云山民。

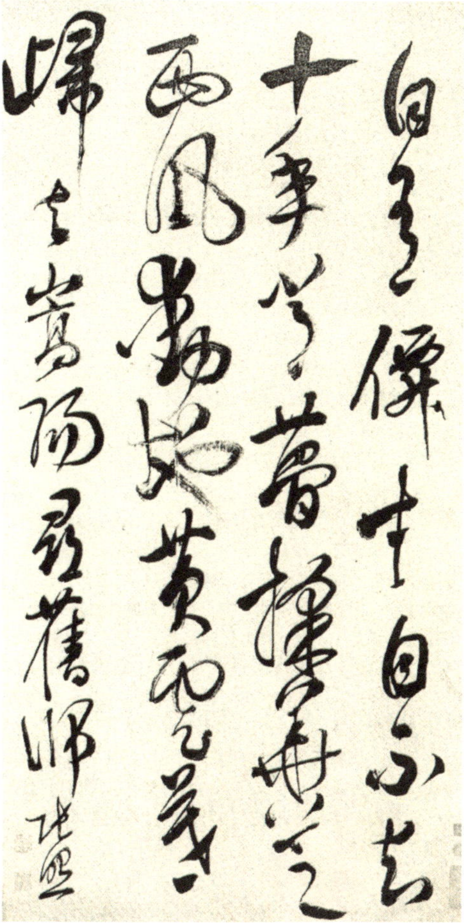

张照草书《李商隐东还诗轴》

这里还要提到现代大画家张大千。张大千为什么会跑到松江去住呢？张大千的二哥张善孖，长大千十七岁，生平三娶。母家杨姓，松江人，所以张善孖曾一度和母亲住在松江。张大千为侍奉母亲，就住在与松江很近的浙江嘉善，他的仿制名家假画都是在这里画的。在此之前，张大千出家当和尚就是在松江的禅定寺，因为怕烧戒疤，不辞而行，跑到杭州灵隐寺去当和尚。张大千落脚灵隐寺，那是受了恽南田的影响。恽氏《瓯香馆集》中有一篇其侄孙恽鹤生所纂的《南田先生家传》，说南田十几岁时在灵隐寺出家为僧。后来他又看了袁子才的《新齐谐》，书中把灵隐的僧人说得更玄了，这就更加吸引了张大千。张大千出家自立规矩：不烧戒疤；酒可以不喝，但不能不吃肉。原来灵隐寺有个济颠和尚，吃酒吃肉，寺规不容，小和尚们具禀帖要驱逐他。那时的住持是四川眉山人、别号瞎堂的慧远禅师，手批两行：“法门广大，岂不容一颠僧耶？”张大千在灵隐出家没有几天，二哥张善孖就把他找到了，二哥请他在楼外楼吃了一餐杭州名菜醋熘鱼，拉他回家还俗了。张大千出家没有几天，经文没念几句，却对“法门广大”有了透彻领悟。凡事要广大，胸襟、气魄、学问、技艺，无不如此。大千一生奉行此道，受益无尽。

“九一八事变”之后，善孖、大千兄弟迁居苏州网师园，其母也由松江移住安徽郎溪，就养第四子文修处，民国二十五年（1936）病故。在病故前夕，发现了大千在松江时期留下的纰漏：

陈定山的《春申旧闻》，记有一位叫江四爷（名紫尘）的，是经营书画买卖的古董商，人称“黑老虎”。张大千祖传的王右军《曹娥碑》，就是经江紫尘之手以一千二百金抵押出手。原来，江紫尘创诗钟博戏之社（按限定的字词竞赛诗联），当时已经老辈的陈散原（三立）、太夷（郑孝胥）、吷庵（夏敬观）等常在局中，大千说“予虽腹俭，亦常在局中”，因之“每博必负”。因输得太多，把《曹娥碑》抵押出去，最后为叶恭绰购得。

以后的事，可读大千在《叶遐庵先生书画选集序》中自述：“阅十年，先太夫人病居皖郎溪家兄文修之农圃，予与仲兄，仍居吴门，每周轮次往侍汤药。太夫人病势日笃，忽呼予至榻前，垂询祖传之《曹娥碑》，唐人前后题名，何久不见之，殊欲展阅。予惶恐极，不敢以实告，诡称仍在苏寓，太夫人谓次周必须携来，小慰病情。予亟唯唯。此卷闻江丈早已售出，辗转不知落于何方？心中如焚，将何以复老母之命？”

张大千又说："迨归网狮园，先生与王秋斋即来省问。予当以母病笃告；又以此最痛心事，并将此卷经过，历历述之，倘此卷尚可求获，将不惜重金赎之，即送郎溪，使老母得慰。先生自持其鼻云：'这个么，在区区那里。'予喜极而泣，即挽秋斋于屋隅而求之曰：'誉虎（恭绰的字）先生非能鬻文物者，予有三点乞与商求之：一、如能割让，请以原价值偿。二、如不能割让爱，则以敝藏书画，恣其检选，不计件数以易之。如两俱不可，则乞暂借二周，经呈老母病榻一观，而后归璧。'秋斋即以予意转告先生；先生曰：'这是何言也！予一生爱好古人名迹，从不巧取豪夺，玩物而不丧其志。此为大千先德遗物，而太夫人又在病笃之中，欲一快睹，予愿以原璧返大千，即以为赠，更勿论价值与以物易也。此卷不存履道园，弃之上海，

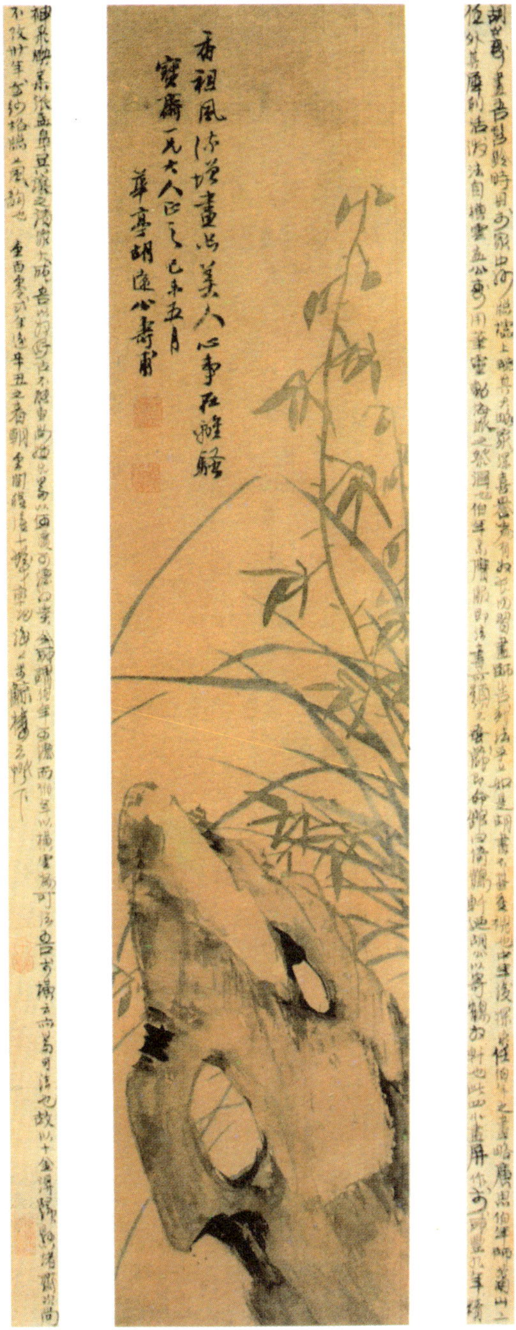

胡公寿"四条屏"之一

程十发《梦屋》

明日往取，三日内即有以报命。’予与仲兄闻之感激泪下，趋前叩首谢。太夫人弥留之夕，幸得呈阅。予罪孽深矣。先生风概，不特今日所无，古人亦所未闻也。”

十步之内，必有芳草。十发之芳邻，从莫是龙、董其昌到张祥河，乃至善孖、大千昆仲，对他产生什么潜移默化之影响，在他生命历程中都可得到相证。

松江城内有条思鲈巷

十发先生的《四腮鲈》作于1982年。江南画家常爱以鲈鱼入画，多取古人诗意，诸如张志和的“西塞山前白鹭飞，桃花流水鳜鱼肥”等。据鱼类学家云鳜鱼即鲈鱼。张志和这位烟波钓徒，居湖州时，常浮家泛宅，往来于苕霅间，钓的大概就是鲈鱼。十发的《四腮鲈》，以柳条编筐，筐内鲈水七尾，以柳条穿腮，系于筐内，并有柳叶数片，加以点缀，有清趣之美，观者自有所悟，不用笔者赘言。

尤为耐人寻味，是十发的题跋：

> 故乡松江有汉张翰故宅，名思鲈巷，然四腮鲈不见多年矣。幸今人工培殖成功，喜写此图并率赋一绝：多年不觅鲈脍味，今趁西风享席珍。古巷留名成轶事，人工繁殖照渔罾。壬戌小春程十发漫笔。

在题跋中，十发特别提及他的老同乡张翰，是一位由汉入晋的人物，史书有传：“张翰字季鹰，父俨，吴大鸿胪。翰有清才美望，博学善属文，造次立成，辞义清新。大司马齐王冏辟为东曹掾。翰与同乡顾荣曰：‘天下纷纷未已，夫有四海之名者，求退良难。吾本山林间人，无望于时久矣。子善以明防前，以知虑后。’荣捉其手，怆然曰：‘吾亦与子采南山蕨，饮三江水尔！’翰以疾归，府以辄去除吏名。性至孝，遭母艰，哀毁过礼。自以年宿，不营当世，以疾终于家。”

四腮鲈实物照

程十发《四腮鲈》

从这段记载中，可知张翰有魏晋高士逸风，《世说新语》多有记载。他在为齐王东曹掾时，“在洛见秋风起，因思吴中菰菜羹、鲈鱼脍，曰：‘人生贵得适意尔，岂能羁宦数千里以要名爵！’遂命驾便归。俄尔齐王败，时人皆谓为见机”。后人讥讽张翰的这一举动为“投机”耳，我谓则不然，他确实是山林间人，以归真归朴为最高追求。张翰还作有《鲈鱼歌》，歌曰：“秋风起兮木叶飞，吴江水兮鱼正肥。三千里兮家未归，恨难禁兮仰天悲。”有人问他：“子独不为身后名？”他说：“不知翰方逃名当世，何暇计身后名也。”由此看来，他的辞官南归，的确是有着山林闲人之性，思念江南故乡之情，更是那松江四腮鲈鱼使致。画家十发，身在沪渎，和松江只不过是咫尺之间，思鲈之情，跃然纸上，可见古人今人同有此心的了。

己亥岁（1959），十发客居京华，此时他三十八岁，按理说还未到思乡的年岁，何况又是小住北京，仍然是不忘莼鲈之思，以辛稼轩《水龙吟·登建康赏心亭》词意入画，画纨扇美人图，并题写稼轩句：“休说鲈鱼堪脍，尽西风，季鹰归未。”思乡耶，思人耶？也许是兼而有之。

程十发的另一位老乡陆机，就是那位写《平复帖》的陆士衡，入晋，仕著作郎，至平原内史，所以人们尊称之为陆平原。平原也是常以老家有松江的鲈鱼而自豪的。《世说新语》亦有记：“陆机诣王武子，武子前置数斛羊酪，指以示陆曰：‘卿江南何以敌此？’陆云：‘有千里莼羹，但未敢下盐豉耳！’”

程十发《美人思鲈图》

程十发《吾乡小昆山》

在这里，不妨把意思再往深处说一层。文廷式把张翰和陆机做了比较，他在《纯常子枝语》一书中写道："张季鹰真可谓明智矣，当乱世，唯名为大忌。既有四海之名而不知退，则虽善于防虑，亦无益也。季鹰、彦先（顾荣）皆吴之大族。彦先知退，仅而获免。季鹰则鸿飞冥冥，岂世所能测其浅深哉？陆氏兄弟不知此义，而乾没不已，其沦胥以丧，非不幸也！"陆机四十三岁，兵败河桥，为卢志所诬，与弟陆云同时被害，临刑前叹曰："欲闻华亭鹤唳，可复得乎。"华亭有清泉茂林，有鹤翱翔，陆机兄弟共游于此十余年。陆机有着张翰的那种思鲈之情，但毕竟无张翰之境界和追求，人生的结果也就不同。

张翰因鲈脍而辞官，陆机以为羊酪无敌于鲈脍，十发则食人工养殖鲈脍，不管和自然之野味相差多远，仍然使他思念鲈巷。鲈脍何以能如此牵动古人今人之乡思？《吴郡志》曰："鲈鱼生松江，尤宜脍。洁白松软，又不腥，在诸鱼之上。江与太湖相接。湖中亦有鲈。俗传江水鱼四腮，湖鱼只三腮，味辄不及。秋初鱼出，吴中好事者竞买之。或有游松江就脍之者。"史书又载："吴中以鲈鱼作脍，莼菜为羹，鱼白如玉，菜黄若金，称为金羹玉鲈，一时珍食。"莼菜是一种带黏液的水生植物，嫩叶味极美。文人嘴馋，多美食家，有关鲈鱼烧法的文章更是累累如山，不须赘述。唯陆机之"千里莼羹"的千里，学者考证甚多，有的以为"千里者，言其地之广"，有的则以为"千里"乃地名，老杜有"我恋岷山芋，君思千里莼"，"岷山"对"千里"，可见是地名了。梁太子《启》曰"吴愧千里之莼，蜀惭大菜之赋"。后人多从地名之说。但"千里"在何地？又是有了一番考证。蔡梦弼《草堂诗笺》云："千里者，吴石塘湖名也。"《景定建康志》曰："千里湖在溧阳东南五十里，至今产美莼，俗呼千里湇，与故县湇相连。"《舆地志》所载陆机的先辈陆逊以居地为封，为华亭侯，"华亭谷出佳鱼，莼菜"，则所谓千里湖者，以当在华亭，但华亭谷水，却无千里湖之名。陆机的"千里莼羹"是指地方，还是泛指距离之远，至今仍是个谜。

篇之贰

不信南宗与北宗

程十发《仿李流芳笔意》

在古人与今人之间

“前贤在他们那个时代也是今人，今人百年之后便成了古人；前贤给我们留下丰硕的艺术遗产，如果我们不加增益，有所创新，那后人岂非在我们身上继承不到新的东西？”这是程十发的画学名言。这个思想是在他进入上海美术专科学校就萌发的。

1933年，十八岁的程十发在亲友的资助下，进入上海美术专科学校。入学的那天，母亲把他送到代理校长谢海燕面前，请校长多多照拂。以后，爱才的谢校长一直关心这个学生。

当时的国画系并不分科，山水、花鸟、人物，按照古代传统，要全面学习。程十发也一样。不过，他对山水画特别偏爱，用的功夫也最多。中国画的兴起发端于山水，在数千年的历史长河中，山水画一直占有主流地位。也正因为如此，师古、仿古、复古与创新、发展、追求自我，在画家中非此即彼，互为消长。上海美术专科学校创办人刘海粟虽接受过西方文化的熏陶，为画人体模特儿闹得风风雨雨，但美专的国画系仍然沿着师承某一家、某一流派的方式在教学。在进上海美专之前，十发无从接受名师的指点，如果说有老师的话，就是松江带着泥土气息的民间艺人，还有一位画灶壁的老师傅。那位师傅把中药黄栀子酒代替藤黄，调出又浓又鲜的黄色；用墨煤代替墨，调出黑而发亮的墨色。别的颜色也都十分别致。老师傅作画也很特别，先在周围画了一些图案，最后在中间画了一幅山水。这位师傅也可以说是他的启蒙老师吧。但他心中并无“师承”这样的概念。所以上课时，教师先示范挥毫，然后便让学生照本临摹。可是课堂上的程十发，老师画老师的，他画他自己的，用自己喜欢的表现方法，画自己喜欢的内容。这样就引起某些老师的不快，对他交上去的作业也不愿再批阅。可是王个簃对这个学生却高抬贵手，说：“随他去吧，他想怎么画就让他怎么画。”王个簃毕竟不是教山水的。

学校里也有一位与十发艺术见解相投的教山水的老师，当十发遭受一些白眼的时候，这位老师对他赏识颇佳。这位老师叫汪声远，是黄宾虹的学生。虽然

程十发《临李晞古岚峰渔归图》

程十发、张金锜《仿解弢馆大意》

一生未享大名，但他是一位非常懂得艺术的画家，也是一位擅长教学的老师。他主张因材施教，特别是艺术教育，更是注重诱导学生的内在天赋，在课堂上常常用杜甫的诗“转益多师是汝师”来鼓励学生宏识博取。

程十发很清楚，要走自己的路，首先要看前人是如何走自己的路的。此时，他已经体会到，任何有成就的画家，都有走自己的路的经验，没有自己的当今，也就没有自己的身后，哪一位身后留名的诗人、文人、画家不都是有了生前的创造，才为后人留下文化遗产？因为重复别人的东西，有的在他们所处的那个时代就消失，更不用经过大浪淘沙了。所以，他除了如痴如醉地临黄鹤山樵，以后不管是所谓南宗的董源、巨然，还是被称为北宗的李成、郭熙、许道宁，以及元代钱选、倪云林，四僧中的石涛、石溪，当然还有他那位同乡董其昌，他都一一师法。丰富的传统营养，加上艺术灵性，在他二十三四岁时，就形成了独特的山水画风格的雏形。

我们说十发在学前人不拘泥于笔法技巧，研前人解脱旧窠的经验。这有他自己的话为证。他说："元人画素以大痴为祭酒，而余力推方壶为第一。黄有法可循，而上清无法可循也。"黄即黄公望（大痴），上清即方从义（方壶）。黄大痴的画本来自写生，写富春江畔的真山真水，但后来也走向程式，总结出一套写山水的方法。而无法的十发，对大痴的山水之法不以为然；无法的十发，对"无法可循"的方方壶的推崇，这叫心有灵犀，一脉相通。灵犀者，艺术之精神也。十发吸取的正是前人的艺术精神。现在让我们看看方方壶是怎样一位画家。

方从义，字无隅，号方壶、鬼谷山人、金门羽客，江西贵溪人。信州龙山上清宫道士。方方壶存世的作品以《太白泷湫图》最具有代表性。烟笼远景，云锁深岩，归真返璞，造化了一个浑沌世界。有人评方方壶的画，云："飘飘方壶子，本是仙者伦。固多幻化术，笔下生白云。白云缥缈间，拔起青嶙峋。似是朱湖洞，笙鹤遥空闻。岂无许飞琼，烹芝嗡华芬。炼师从何来，而带山水纹。相期守规中，结庵在云

程十发、张金锜夫妇

方从义《太白泷湫图》

村。心游象帝先，神栖太乙根。”黄大痴也有题方方壶的《松岩萧寺图》诗并序，序曰：“方壶此卷，高旷清远，可谓深入荆关之堂奥矣。鄙句何足以述之，愧愧！”程十发对此可谓心有灵犀一点通。荆浩、关仝的真迹已不复存在，我们已无从比较，大痴所谓“深入荆关之堂奥”，指的不完全是技巧，而是艺术精神。“堂奥”二字本身就有“精神”之解，今人解释为技法，此意差矣。

学前人，像老师，是学习中国画的三字经，古人在念，今人也在念，各人有各人的念法。十发不像乃师，但对老师取其心；十发学前人，但对前人取其神，可谓是悟道之举。程十发说：要把一切的概念都放弃掉，人家不常用的地方我就试看，这样一试就会产生矛盾，或者不大稳定什么的，这样构图看起来很新奇，我主要是不想重复人家的处理方法，人家放在上面的，我偏要放在中间，人家说画面不应该两边分开，我就偏要找个方法，又要分离，又要它不分离，你说上重下轻不行的，我偏要整个颠倒，总之就是要把人家常用的方法放弃掉。继承与创新都是对传统而言，两者并非万水千山，实只一步之遥，传统是创新的土壤，睿智者当不负传统，不忘自己，不忘出新，震荡再大的出新，也只是在传统的前头迈出了一步，只是一步。这样不只是迈出了传统，既迈出了古人，又迈出了今人在古人与今人之间周旋。这一步就在十发所说的“古人”与“今人”之间，能迈出这一步的今人，慢慢也就变成了能得以存在的古人。

以画题书，古碑即如此

十发欣赏禅宗画的极具概括力和表现力的减笔描，诸如石恪的《二祖调心图》、梁楷的《泼墨仙人图》和牧溪的《六柿图》。十发常言：“人物画减笔最难，笔减意不减，故谓之难，稍不经意，就会走上粗野而失形理。”又说：“减笔人物源溯五代禅宗画，后世写意人物，南宋尚能传其遗绪，明季亦有数家，然有形而无其质。近代任伯年传其正脉，减笔意不减，且当减者减，不能减者则不减，笔减而神全，此不易求得之境界。”十发亦作减笔画，但他心追六朝古壁与砖画，取其简率真趣，遂使其减笔自成一家。

十发的减笔画之所以独具功力，我以为成功之处得之于书法。十发善使笔，细不弱，粗不俗，变化迭起，有风起云涌之妙，以书法入画，除了表现在画面上的长题外，更多的即表现在减笔画的线条中。评者多以为十发的书法初出陈老莲，后又借入汉简，实际上他的书法之功最初得于写碑及治印上，金石的古趣与近人的笔意相融合，高雅而通俗。

在上海美术专科学校读书时，李仲乾教他篆刻、书法、绘画史。李仲乾是临川李宗瀚的后人，清道人李瑞清的侄子。这位“脸上带有络腮胡子”，上课“不看教材，脸望着天花板，一直站着讲”的老师，是十发“永远不会忘怀的老师之一”。

谈起这位老师，十发对我说：“我上篆刻课时，李老师总是鼓励我，说我刻得好，有刀法。事实上我所有功课，是篆刻比较好，我当时

石恪《二祖调心图》

程十发《南宫拜石图》

程十发《临宋徽宗宣和体》

还给关良老师刻过几方图章，现在还保存着。我觉得李老师的教法有道理，这几方图章并不像一个初学的学生刻的，可能有李老师给我修改的地方。”

我问他：“你的书法是不是也受李老师的影响？”

十发说：“上书法课，他是继承了清道人的家法，鼓励我写钟鼎北碑，他写给我们的示范作品，大约有散氏盘、王公碑、瘗鹤铭、郑文公、张猛龙等书体，他的用笔一波三磔，转折顿挫，别有一种景象。虽然也有人反对这种书体和笔法，但我受到不少影响。以后我对北碑及民间书体十分爱好，一直到现在，我都怀着艺术崇拜的感情。这种刀法与笔法相混趣味，使我的画笔受到营养，我以后醉心于魏晋木简草隶是从这一条路线演变来的。”

十发曾作《李长吉诗意图》，此图以五分之四的地位书写李长吉的诗，而吹管女像一枚印章钤于画的左下方。这种一反常规的处理手法，给人留下深刻的印象，都以为是十发的创新之路。但十发在画上的跋："士大夫以诗题画，余以画题书，古碑即如此，不足为奇。"观者对此都在似解不解之中，十发谈了在美术学校的这段经历，令人恍然明白，原来早就修炼过的，所以法道神通。

不信南宗与北宗

1921年，十发出生于松江县莫家弄。莫家弄是明代画家莫是龙出生的地方。莫是龙（1539—1587）的名字要比"十发"豪气多了。莫是龙号秋水，字云卿、廷韩。其父莫如忠，嘉靖十七年（1538）进士，做过浙江布政使，比十发行医世家自然阔气得多。莫世龙十岁即善诗文，十四岁被补为郡之庠生，虽然才情出众，但仕途颇蹇，屡试不中，且生活拮据，曾无可奈何地自况"仆四十余，霜笔冉冉"，可见屡试不第所经受的痛苦和生活的贫困给他的身心投下的阴影。莫氏虽然贫困，但生性慷慨，《家传》中所载："喜延奖寒士，有友多儿女累且贫，公书行草一箧，以给其婚娶。"莫是龙书画学米襄阳、黄大痴，"灯下纵笔写意，轻烟远霭，无不淡宕高逸"。他的画作有《仿米山水》《东冈草堂图》《江南秋图》。莫是龙家藏梅花断弦古琴，尽管弦索不全，仍时时把玩不已。一日，七弦俱断，不日即抱病卧榻，"疾革时尚与友人对弈，已较胜负，收其子，倏然而逝"。

十发的另一位同乡就是大名鼎鼎的董其昌了。董其昌（1555—1636）是莫是龙的好友。董其昌十七岁便入莫如忠家塾读书，此时莫是龙已经三十多岁了。莫氏家塾可能就在莫家弄内，或者就在莫家的老宅之内。无论从师兄弟的关系上或是从年龄上来说，董其昌的绘画都应受莫是龙的启迪。万历六年（1578）秋，莫是龙曾与顾正谊、梁辰鱼、董其昌等赋诗题画，送李日华归杭州。在《画禅室随笔》中多处记载董其昌与莫是龙之间诗朋画友的关系，其中有《题莫秋水画》："莫廷韩为宋光禄作此图在己卯之秋，时余同观，咄咄称赏。"莫是龙作有《画说》，全文收入董其昌的《画旨》中，因文字少有出入，故今人认为不

程十发、张金锜和万籁鸣（中）在黄大痴墓地

是莫是龙作。“名言新说归大家”，这是在所难免。不去管他，但南北宗之说最早出现在《画说》中，接着出现在董其昌的《画旨》及陈继儒的《偃曝余谈》三种画论中。

莫是龙《画说》：

禅家有南北二宗，唐时始分；画之南北二宗，亦唐时分也，但其人非南北耳。北宗则李思训父子著色山水，流传为宋之赵幹、赵伯驹、伯骕，以至马、夏辈。南宗则王摩诘用渲染，一变勾斫之法，其传为张璪、荆、关、郭忠恕、董、巨、米家父子，以至元之四大家。

董其昌《画旨》：

禅家有南北二宗，唐时始分；画之南北二宗，亦唐时分也，但其人非南北耳。北宗李思训父子著色山水，流传为宋之赵幹、赵伯驹、伯骕，以至马、夏辈。南宗则王摩诘始用渲淡，一变勾斫之法，其传为张璪、荆、关、董、巨、郭忠恕、米家父子，以至元之四大家。亦如六祖之后有马驹、云门、临济，儿孙之盛，而北宗微矣。要之，摩诘所谓云峰石迹，迥出天机，笔意纵横，参乎造化者。东坡赞吴道子、王维壁画，亦云“吾于维也无间然”，知言哉。

陈继儒是十发的同乡，隐居小昆山，其《偃曝余谈》：

> 山水画至唐始变，盖有两宗：李思训、王维是也。李之传为宋王诜、郭熙、张择端、赵伯驹、伯骕以及李唐、刘松年、马远、夏圭，皆李派。王之传为荆浩、关仝、李成、李公麟、范宽、董源、巨然以及燕肃、赵令穰、元四大家，皆王派。李派板细无士气，王派虚和萧散。

看来，十发的这几位左邻右舍，对这个问题是有过讨论的。像现在的某些理论一样，不是一下子形成的，是你中有我，我中有你，最后由董其昌集大成，变成了他的

程十发《临马麟静听秋风图》

松江莫家弄

专利。争论了几百年，直到现在谁也没有搞清楚。现在又异军突起，声讨文人画，提出“正规画”与“非正规画”来界定书画的分野。

对董其昌的“南北宗”及当代的“正规画”“非正规画”之说，从莫家弄走出来的程十发采取了中和的态度。他在《艺术美之我见》一文中写道：

我的那位同乡董其昌，在划分艺术风格上有“南北宗”之说，其实是把艺术风格、艺术美绝对化了。历代国画家创造出多姿多彩的艺术风格，被董其昌一划分只剩两家了。然而，艺术发展到当代，有人要否定董其昌的文人画，这也是把艺术发展得绝对化了，分析的思路也循入了董其昌的老路。现代艺术风格的发展和现代化的发展一样，城市与乡村的联系非常方便，交通四通八达，美术家的出国、来访也非常方便，美术的信息十分灵通。于是在绘画风格上就形成了互相吸取的艺术局面，国内、国外没有界限，古代与现代没有界限，艺术风格不可能单一化，大家都在你吸取我的技法，我吸取你的技法，又保持了各自的个性，谁也不能否定谁。怎样划分文人画画家，怎样界定文人画，历代艺术理论家和国画家也是各执一词，各有各的说法，徐青藤的画是文人画，苏东坡画竹也是文人画。但是，仇十洲、阎立本的线描就不是文人画了？这说明艺术风格是多样的，又是互相融合的。

十发的话说得很清楚了，我看这比较符合当前绘画艺术的实况及今后发展的趋势。今后的艺术是包容与共存，提倡任何一派而否定其他流派，都不会有多大的出路。这在中国绘画发展史上的教训太深刻了。了解中国美术史，就不会把某一理论推向极端。

十发感到语言之难尽其意，有二画证之。一帧山水扇面，十发题曰："癸酉深夜，以北宗之笔写南宗之景，可使司翁一笑。"又一画为《秋山烟雨图》，他题诗道：

> 问我南宗抑北宗，东西中外古今同。
> 法从自然归太朴，一笔顷成万物空。

画山水大幅，务以得势为主。山得势，虽萦纡高下，气势仍是贯串；林木得势，虽参差向背不同，而各自为畅；石得势，虽奇怪而不知夫理，即平常亦不为庸；山坡得势，虽交错而不自繁乱。何则？以其理然也。而皴擦、勾斫、披分、纠合之法，即在理势之中，至于野桥、村落、楼观舟车、人物、屋宇，全在想其形势之可安顿处，可隐藏处、可点缀处，先以朽笔为主，复详玩仙人不可易者，然后落墨，方有意味。

程十发说：以上这段话是华亭画派赵左说的。赵左也是我的同乡，但他们画山水得势的经验我吸收了。以董其昌为代表的华亭画派，有莫是龙、陈继儒、赵左，都很强调山水画中取势。莫是龙说画山"要势为

程十发《秋山烟雨图》

主”，陈继儒画山水也讲究一个势字，但只是在题画中有过只言片语，董其昌讲势的文字不少，但散见于他的著作中，没有什么系统。独有赵左对此有着完整的说法。我画山水，自认为是华亭派的后继者，在画山水时常用浓淡、疏密、远近、高下等布局笔法，强调自然界的矛盾冲突，造成特有的气势，无论大的立轴、提要的卷子或册页，都强调得势的效果。

从美专走向全家画展

杭州有个“楼外楼”，就如同上海的梅龙镇，苏州的得月楼，是声震遐迩的餐馆。去了杭州不去楼外楼饭餐一顿，杭州之行就要减去许多风光。听说楼外楼的匾额和十发的夫人张金锜家有关，我们谈话一开始，就从“楼外楼”三字匾额是谁的大手笔谈起。

张金锜的弟弟张之江说：“许多人都打听这件事，沙孟海先生也问起过。楼外楼老板姓洪，兄弟二人开餐馆，雪天时好搞雪塑，塑的是关公、弥勒佛之类的人物。开始请人写‘楼外楼’，两个楼字总是一高一低，关键是个‘外’字。洪老板请我父亲写。我父亲名张坚，题匾时没有签署自己的名字。有一次吴昌硕来到这里吃饭，抬头一看这三个字，就问是谁写的，并要吃了饭去拜访。丁辅之说是我侄女婿写的，把他叫来就是了。我父亲听说吴昌硕要见他，哪有不去的道理？我父亲本来是医生，因身体太差，无法应诊，闲在家里。吴昌硕见了他，就说，你不能当医生了，还是写字画画吧。我父亲说字写得不

青年程十发

好，不敢写字。吴昌硕说有什么不敢的，我给你写润例。我小时候还见过吴昌硕写的那张润例。”

郑重：十发夫人是你姐姐还是你妹妹？

张之江：是我堂姐，实际上像亲姐姐一样。我们小时候在家里，书房的书架摆得弯弯曲曲，我们就在其中捉迷藏。我六岁丧父，就跟着伯父生活。伯父名张均，即十发的岳父。伯父教书，在杭州盖了房子。抗战时，伯父到上海来了，房子就空关着。杭州有人带信来，说房子有人进去过，要他回杭州看看。伯父说我不去，我的照片上不能让日本人盖上印。当时中国人进出上海，证明身份的证件要盖上日本人的印。直到他逝世，他也没有回过杭州，照片上没盖过日本人的印。伯父给我的影响很大，每月都写读书心得，用毛笔写，写得又快又好。他用“修身行善”的家训教育我们，把佛家思想和儒家思想结合起来，给我上课，心地非常善良。有一次我们家来了一个患粗脖子症的保姆，姐姐和我都感到有些可怕，不想要。伯父就说，我们不要她，就没有别人要她了。这个粗脖子保姆在我们家过了许多年。

郑重：你姐姐和十发在美专时的情况你知道吗？

张之江：我姐姐是带了吴东迈的推荐信去考的。我当时在民立中学寄读，中学毕业了就在吴东迈女婿家当家庭教师。每个星期六都去看我姐姐，经常和十发一起睡在一张破铁床上，这样也就认识了十发。我姐姐是王个簃的学生，学花卉，画的是吴昌硕一路。那时，十发就向我讲，一个画家要有自己的个性，要学得高，要学得古，要看汉代石刻，这对提高我的看画水平很有帮助。后来，十发和我姐姐确定恋爱关系，伯父就说：“这个青年是好的，是可靠的。”

程十发、张金锜之恋，非常投入。一次，老师关良先生要带他们到公园去写生。关先生按时到达约定的地点，但是这两个学生迟迟不到。

爱好摄影的程十发

程十发与他的儿孙们

一个多小时之后，这对恋人才姗姗而至，看到老师没有离开，仍然在等他们，他们只好说："玩得忘了。"老师并没有批评，仍然高高兴兴地给他们上课。

十发另一个爱好就是玩照相机，他的摄影也很讲究光线与构图，拍出的照片很有艺术性，人们说照相机是他手中的"第二支画笔"。他拍摄的叶浅予站立在晨露欲滴的牵牛花架下的那张照片，叶氏一直珍贵地挂在客厅里。我看到过他在美专念书时，给张金锜拍的一组照片。

张之江：我姐姐和十发结婚时，伯父去世了，伯母也不在了，我成了主婚人，把姐姐送到松江。十发的父亲也早逝，只有靠他母亲行医的收入维持生活。

底蕴浑厚的松江文化，只能是画家的精神后花园，画家自我个性的追求，只能换来他人的白眼。1942年，十发毕业后举办的个人画展，黄口孺子，尚缺知音，画卖不掉，张之江说："当时没有人理解他的山水画。"但他并没有研来胭脂画牡丹，郁郁之中，又忽患病，只好与夫人张金锜带着女儿欣荪再回到他那精神后花园中，常常望着那块程氏世医的大招牌感叹：如果不学画学医，也在家门口挂上这块招牌，就不会有柴米之忧了。

不过，老天爷和程氏祖先，似乎存心给中国画坛添一巨匠。十发虽然郁郁寡欢，但并不颓丧。他是个生性幽默豁达的人，即使养病，仍然是天天钻进画里。直到几十年后，十发成为巨匠，夫人张金锜对他那种奋不顾身、抱病钻研的精神，仍然心有余悸地说："他画画的劲头大得吓人，像不要命一样！"这种劲头，这种精神，用于医道，必成大名医，用于画画，即成大画家。

家境的困难，使上海美专花鸟画高才生、王个簃的得意的女弟子张金锜，只好放下画笔，扮演起家庭主妇的角色，肩负起相夫教子的责任。风雨晦暝，相濡以沫，不近笔墨四十年，直到20世纪的80年代，子女都长大成人，景况日佳，她才又走近画案，拿起画笔，画起海派花卉来。这样，一画就是十年。到1991年，在"程十发全家画展"上，观者才大为惊奇："啊，夫人原来是画家！"这次画展，程十发、张金锜、程欣荪、程助、程多多、外孙女马晴，全家出动，各领风骚。正如美术评论家丁羲元在《程十发全家画展纪念封》上写的那样："程十发先生是我国当代著名国画家，上海中国画院院长，这次他与夫人张金锜，女儿程欣荪、女婿马元浩，长子程助、次子程多多及外孙女马晴于1991年7月6日举办全家画展，生面别开，为沪上画坛的创举。诚哉一门画笔，满室生辉，隃麋香古，逸兴遄飞，寄意非遥，万里同辉，二陆绵邈，千哉芳菲。谨制纪念封一枚。"

半世收藏，一朝奉献

十发有一方收藏印，其文曰："供养白阳、青藤、老莲、新罗、清湘、吉金、八大、两峰之屋。"这方收藏印不只表现了十发对以上诸位画家的推崇，而且表现了他的收藏品位。十发常称收藏的古画是他请来的"老师"，观赏请教，画艺才有长进。笔者曾就这方闲章，问过十发：印章上的画家都是你崇敬的，你曾说学水墨不如师白阳为上，青藤不羁而狂，不若不狂而醇，故我舍徐而起陈也。这说明你对陈白阳、徐青藤是有选择的。你对任伯年是取其"用笔灵动，犀利活泼"，你从陈老莲、罗两峰的艺术中吸取了什么?

十发说："陈老莲、罗两峰都擅画人像，画人物不能不借鉴，我借鉴的是他们把文人画走向通俗的艺术精神。普及非常重要，历史上的画家都没有注意。毛泽东的《在延安文艺座谈会上的讲话》，很辩证地讲了普及与提高的问题，对我影响很大，普及与提高都是不可缺少的，我始终沿着这条路子走，注意两者的调整。"

为了能让更多的后来人学习和研究，这些伴随他数十年的"老师"，在其七十五岁（1996）时走进上海中国画院，供养在"程十发藏画陈列馆"内。

十发的收藏与捐献，是和夫人张金锜、女儿程欣荪的生命联系在一起的。

一生并不富裕的程十发，和夫人张金锜含辛茹苦、节衣缩食，仍然不忘收藏古代书画。他们都是绘画科班出身，深知对古代绘画借鉴的重要。凭他的眼力和学养，沙里淘金，历时四十余年，收藏了一百二十二件古代、近代及当代的作品。如明代大家陈洪绶的《秋花山鸟图轴》，是在当时华亭路的地摊上觅得的；又如董其昌的《山水轴》，是从北京琉璃厂的被视为赝品的纸堆里拣出来的；再如沈周的山水妙品《秋林曳杖图》，是从旧货铺的一叠散页中发现的。收藏是一个渐进、漫长、坎

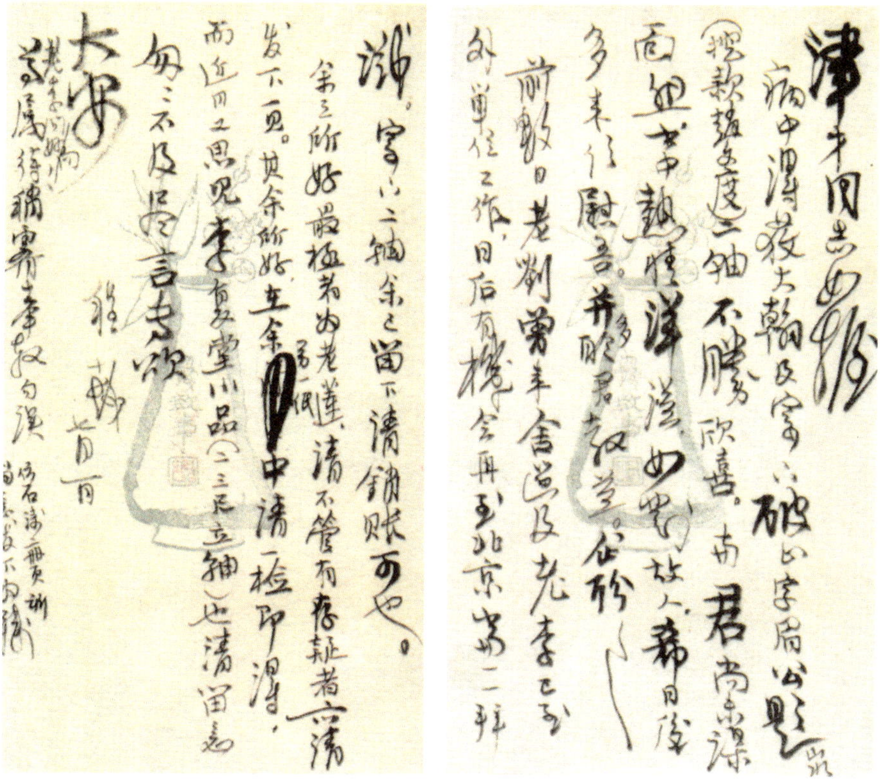

程十发关于收藏的信札

坷的历程。这批书画是十发四十年的精力所聚。应该说，在收藏过程中，每一张字画都有着一个离奇动人的故事，每一件字画的入藏都会令他欣喜不已，乃至夜不成眠，食不知味。每一件字画的朝夕相晤，细嚼慢咀，都会使他若有所悟，以至于茅塞顿开，技艺大进。可以说这是收藏家生命中的生命，甚至视为“性命可轻，至宝难得”。

在十发捐赠的书画里，不乏珍奇之品。如元初大家钱选的《青山白云图卷》，曾为明权臣严嵩所藏，末有明诸家题跋，董其昌跋称此卷“得李将军父子遗意”，评价甚高。如元代王蒙的《修竹远山图》，也是一件绝构，在清初学人顾复的《平生壮观》一书中，就作了具体的记载。如明吴门四大家唐寅的《雨竹小鸟图轴》，是唐伯虎画赠友人严竹沙的，故其诗题末句有“夜潮初落蟹爬沙”句。以蟹爬沙而赠严竹沙，事涉游戏，而足见唐氏之洒脱、倜傥，诚性情中人。如明代丁云鹏《文殊菩萨图轴》，是罕有其匹的精严之品。张瑞图大字唐诗十二屏条，也堪称少见的巨幛。陈洪绶是被学人称为画风不落宋元，直接晋唐的千古怪杰。而今其画，一件动辄价值百万，十发即有十六件。如其中《罗汉礼佛卷》，白描写十六应真，笔墨圆润自在，造型、意趣趋于平淡，当是其最晚年之笔，有着非凡的意义。又如清大家石涛的《长题山水图轴》，为石涛画给其文友王梅庵者，故石涛作长题，论笔墨，抒主张，多创见。此则文字未见于石涛之著作，是极具意义的新史料。

十发的这批捐赠，跨度自宋代至今，计有宋画一件、元画四件、明代书画六十二件、清代书画五十三件、近世书画二件。

七十五岁捐赠毕生收藏，对一个画家来说是否早了一些？我想这可能与他晚年生命中遭受两大打击有关。一大打击是夫人张金锜的去世，接着又是最心爱的女儿去世，这两大打击使十发开始考虑惨淡收藏的书画归宿问题。为了做好书画的捐赠工作，女儿在病中时，十发一一征求子女的意见。儿子程助、多多及女儿欣荪，都理解父亲的心情，知道他珍视藏品如生命，把这些藏品捐献给国家，对父亲才是最大的安慰。但此时女儿染病沉疴，他本想待女儿病情好转，再把最后的决定告诉她。女儿的病情不见好转，直到她病危，他才坐在病床前，把捐画的最后决定告诉她，女儿表以会意的微笑……

三釜书屋释义

三釜书屋是十发的另一斋名。对“三釜”释义多出：一说是由姓而来。程氏有个老祖宗，大名鼎鼎的程咬金，在瓦岗寨上当过几天皇帝，人称“三斧头”，所以当皇帝的时间也不长。画室如称“三斧”，太武，砍将下来那还了得，人家看了会避而远之，不合十发好交游的性

程十发和王季迁讨论古画

格，“三釜”就有些文气，就不那么吓人了。二是由社会主义分配制度而来，“三釜”即兼顾国家、集体和个人，各得其一，都有饭吃，大家高兴。十发的品格如此，幽默亦如此。三是十发藏有三件古陶器，属粮食炊具之类，很受日本友人赞赏，送给他“三釜书屋”这个斋名。此说颇合十发心意，乐而用之，再赋以新解，蕴含浑朴深涉之意。

墙头马上，毕竟是隔了一层；雾里看花，也毕竟是芳色难辨。雨打梨花，我们不妨破门而入，到三釜书屋的后花园做观光之游，或许能看出屋主的游园惊梦。

篇之叁

云南写生给艺术
注入新的生命

艺术家的灵感像一个幽灵，有时它会潜藏在那里，蛰居不动；有时又像雷鸣闪电，一触即发，使艺术家认识自己，找到自己，开拓自己，走出一条与众不同的艺术之路。作为人物、山水、花鸟全能的画家程十发，在他已经逝去的艺术岁月生涯中，有过多次奇妙的邂逅、感人的经历，但真正使他爆发并燃烧激情之火的，还是在他而立、不惑之年的云南写生之后发生的变化。

结缘“怒江美人”

1957年，十发应云南省之邀，赴孔雀之乡傣族聚居的地区写生。从德宏到西双版纳，从怒江到澜沧江，在那布满绿色而宁静的大自然中，每一棵树都有自己的特性，每一片树叶都有自己的形态，每一座傣族竹楼都有自家的结构，每一位傣族姑娘都有自己独特的个性美。人和自然和谐相亲，这一切都使十发在激动中。

那天，刚刚过了怒江，在群山中见到一种不知名的花，万绿丛中一片红，蓬蓬勃勃地盛开在树上，充满了生意。他向同车的一位土著询问花名，土著回答“怒江美人”。“哦！”十发惊叹道。这样一声惊叹，几十年后十发在美国大峡谷，也发出过；这样一声惊叹，在此之前的几十年，他回到经过战争创伤苍凉荒索的自家小院中也曾发出过。那次十发为躲避日军的轰炸，回到家乡的院落，看到在败井颓垣瓦砾中，一株秋海棠亭亭玉立地灿烂怒放着，十发不由得发声惊叹。但秋海棠有着一个令人伤感的名字叫“断肠花”。云南之行后的不久，十发

1957年程十发在西双版纳

到了广东，在广州街头又见到“怒江美人”。换位移情，转换成傣族姑娘，之后，在十发的笔下，屡屡出现傣族姑娘的倩影，此已成为程派绘画的象征。

当我走进“三釜书屋”，听八十三岁的十发老人重温结缘“怒江美人”旧梦时，他说：“去的时间太短了，时间能长一些就更好了。一次，傣族地区有纪念活动。云南省邀北京、上海、武汉等地的画家去写生。云南的气候好，我的身体也好，画了许多写生稿，有傣族少女、傣族竹楼、傣族的牛和羊。傣族有水傣和旱傣，虽同为傣族，风俗习惯也不同。”

谈到傣族文化，十发又说：“傣族文化也是很古老的。有一次在缅寺前演《西游记》，我去看了，没有唐僧，没有孙悟空，也没有猪八戒。戏一开场是一群强盗在抢官船，东西抢光了，只剩下一个小孩，放在木盆里，一下子漂到金山，和尚看到这个木盆，盆里还有孩子，孩子身上一块布，上面写着孩子出生的年月，并请求拾到者，把他收养起来……其实这才是真正的《西游记》，是元曲本子，汉族地区没人演了，傣族却把它保留了下来。”

程十发《瑞丽江边欢乐景象》

程十发《傣族赶摆舞》

郑重：缅寺里有许多壁画，你看了吗？

程十发：看了，画的都是佛经故事，周围画的是古老大榕树，有傣族地方色彩。傣族佛教是大乘还是小乘？

郑重：是小乘，属南传佛教系统。

程十发：大理我也去了，白族文化也很古老，和汉族也有文化交流。

郑重：杨慎在云南很有影响。

程十发：对，杨慎的夫人就是云南人。

《小河淌水》出现了个人风格

后来，我又去访问十发的次子多多，他说："爸爸去云南，是他画风改变的开始。那时我已十岁，已经有印象，记得他回来后画的第一张画是小河淌水，画面是一位傣族少女，挑着担子，戴着草帽，提着裙子过河。他画了好多张。他用线条画人物画，从这张原作上，可以看出他以后人物画的路数。他在云南还拍了许多照片，有一张是少数民族打扮，还有一把傣族小刀，'文革'中被抄家抄走了。"

多多又说："从云南回来后，上海美协为他开了个人画展，是很重要的展览，《象脚鼓舞》《泼水节》都是这个时候画的，可以看出已经出现了他个人的风格。从中国人物画发展来看，到了他这里，中国人物画发生了一个变化。小孩的两腮用胭脂色染红，像是贴了两片膏药，把面部的轮廓线虚掉了，其实是像西洋画一样，画的是投影，线条由细到粗，受光面是细线，粗线代表阴影一面，有的地方受光，有的地方投影，转折枯笔，是很完整很有变化的线条。"

俗语云知子莫若父，今反其意而行之，识父莫若子。多多继其父之衣钵，精于笔墨深于画理，对其父的绘画这样的评说，并没有自夸家门之嫌，实乃中肯的评论家之言。

程十发《小河淌水》

古人把中国画称之为无声诗，或无声音乐。诗讲究的是韵律，音乐讲究的是旋律，两者有着内在的联系，讲的都是节奏。中国画的主要表现是线条，不管是弯的直的，粗的细的，长的短的，光的毛的，都有流动感和连续性，即所谓行云流水有起伏是也。

十发极为重视线条的运用，他说："图画的基本特点是线条，在谢赫提出的绘画六法中，应最重视'骨法用笔'。"

谢赫是南齐（479—502）画家和理论家，他提出的六法，其中的"气韵生动"讲的是艺术效果，"骨法用笔"讲的是表现方法和技巧。对此二者，十发认为：气韵生动首先也是靠用笔。体和面主要是表现物的空间存在，而线则长于表现运动。不以表现立体光影取胜的国画，必须充分发挥线的力量。线不仅表现对象的质感、神态和动向，还表现人物的性格和作者的感情。

对十发绘画艺术的欣赏，尝有人言："会看的看线条。"此为行家之言。综观十发五十年的绘画艺术，可以发现他笔下的线条的变化，可谓与时俱进，波澜壮阔，由拘谨到奔放，由写实到夸张，由光润到粗犷，由袒露到含蓄，由单纯到千变万化；粗不黑，细不滑，疾不浮，慢不滞，平不呆，奇不怪，繁不杂，简约而不单调；如虫蚀木，如锥画沙，放收组合，参差交织，纵横自如，奇趣迭出。《泼水节》是十发结缘"怒江美人"之后的新创，在线条的尝试上，表现了他20世纪50年代的画风。泼水节即傣历的新年，如同汉族的春节。笔者曾两度在西双版纳参加泼水节，那艳丽的色彩，浪漫的情调，梦幻般地交织在

程十发在云南搜集素材

程十发在构思、创作

一起的现实与传说，真是扣人心弦。十发行云流水的线条虽然把场面描绘出来，仍然没有跨越写实之风，还没有形成今天这种夸张、奔放的风格，所以线条的魅力也还没有充分发挥出来。将此图和1973年的《傣族赶摆舞》相比，同样是大的场面，而人物的衣纹、挎包、自行车及背篓中水果花卉，线条都劲挺有力。和《泼水节》相比，则有另一番韵味，可咀嚼的东西多了。再以此图和1985年的《山胞》相比，画的都是少数民族，《山胞》中人物的衣着、绑腿、胸前装饰物的线条都饱含着奔放的激情，在曲折变化中一笔下来，如闪电雷鸣，有着强烈的冲击力。

从1960年到1973年，从1973年到1985年的二十多年的时间里，我们可看出十发的线条如何从初创之清新走向老辣成熟。

曾经有人把十发和黄胄放在一起相比：黄胄的线条很少有一笔到底的时候，总是包含着一些辅助线，但最后的形象是明确的，所以是不肯定中的肯定；而程十发基本不用辅线，但那一笔而成的线条中都有着种种曲折变化，所以是“肯定中的不肯定”。对于自己笔下的线条，十发曾非常动情地说：“我能够用线条来传播我的思想感情的时候，我是十分骄傲的，我十分珍惜这一艺术遗产。”

程十发《山胞》

艺术靠形象征服人

十发又说："艺术当然要用来征服人，不能靠线条、笔触征服人。线条、笔触是塑造形象的手段，但最后显示给人们的应当是完整的形象。"

对人物形象，十发追求和把握的是"真"。什么是"真"？十发说："'真'是得其神韵，应该是神似、形似的结合，不是在神似和形似之间。"

形似与神似，夸张与变形，自神、形之说提出，争论了数百年，仍然在争论，仍然有着不同的理解，仍然是各行其法。对此，十发从创作中体会出：

> 画面要生动，要神形一体。要夸张，进行艺术手法的夸张，夸张要具有目的性，夸而不诬，饰而有节，要追"极"。
>
> 艺术要夸张，要比真实的高，例如唐三彩中的骆驼，头就略微抬高一些，比一般照片中平视的骆驼更显得高昂有劲，显示出它的艺术魅力。艺术要变形，但要变得好，变得不好就显原形了。

程十发和刘旦宅

程十发、刘旦宅合作《长春图》

艺术要求对描绘的对象进行必要的提炼、概括、变形，但必须以写实为基础，无写实基本功的“变形”，是无本之木，无水之源。

十发的绘画，线条及表现方法是夸张的，而形象是写实的，在写实中得其神韵。这在他的有关牧童的画幅中，表现得尤为突出。

笔者看到他最早的《牧童》作品是1958年，画家自称为“习作”，画上题识“曾见罗两峰有牧童横笛图，今用其法”。虽然有着自家的墨韵，仍然是古画中常见的画法。和这幅画前后所画的牧童，也都是写实的手法。但是到了20世纪60年代之后，他笔下的牧童，经过夸张和变形，与现实生活中的迥然不同，显得更稚气，更纯真，更富于幻想，也更活泼可爱，是一种理想化了的儿童形象。

那种夸张给画面带来了强烈的装饰性，圆圆的面孔，小小的身材，特别大的头巾或斗笠，与小巧玲珑的身躯成为鲜明对比。虽然夸张，但牧童仍然散发出真人的气息，圆圆的脸上，那两块膏药似的胭脂，使人想到少时放牧时用野花染出的红润；还有那一双细长的眼睛，既秀媚又流动，分明显出活泼的生命。

程十发《牧羊图》

程十发《牧童》

程十发《牧牛图》

画家笔下的牧童形象，不只是处理好了形似与神似的关系，更为重要的是把传统的文人画和富有生命力的民间艺术嫁接联姻，文人画飞入寻常百姓家，从而获得新的生命。这个变化的轨迹极为清楚。用罗两峰笔意画的牧童横笛图，虽然有着独创的新意，但从画中流露出来的文人画的飘逸之气，与“我们的队伍向太阳”那种争取民族自强的时代进军号声，虽然不能说有格格不入的背离，却确实有些不入俗人之眼。他把在江南水乡所见到牧归的童年记忆，移植到少数民族牧童的形象上，把民间耳濡目染的色彩、生活情趣在画面上作巧妙的结构布局，特别是牧童和牛、羊等情感交流的亲和情景，编织成雅俗共赏、老少皆宜的审美之网，实现文人的与民间的、传统的与现代的双重超越，为社会主流所接受。

陆放翁诗意《村晚吴牛将犊归》，从少女的衣裙、草帽到肩背多种线条的运用，水牛从尾部到颈部的一根表现出阴阳肥瘦几面讨好的线条，水墨淋漓的渲染，充分发挥了文人画的水墨技巧的作用，那幼稚的牛犊和母牛，与少女在情感上的脉脉相应，谁看了都会有赏心悦目之感。《秋山短笛》画的是牧羊女，少女背着背篓，背篓中插着采撷来的野花，吹着短笛，老羊在侧耳静听，小羊羔被笛声陶醉得欲睡，更有一只飞鸟，似乎也是被笛声吸引从远处飞来……在世俗的画面中，飘逸着画家闲适的情思。

动物是人的伙伴

动物是人的伙伴，这在十发的绘画中表现得特别突出。十发画中的动物，如牛、羊、马、鹿都是伴随着人物出现的。十发画动物，大体经历了这样的过程：20世纪50年代，羊和鱼画得最多，60年代牛画得最多，70年代鹿画得最多，也兼画马，80年代又画起羊来了。此中缘故，十发回答说："莫笑迂翁又写羊，只缘揪出害人狼。"其间有隐语，"害人狼"者，"四人帮"也。十发之所以如此题识，只因在"文革"期间因画遭劫，给他留下了切肤之痛。那时，十发画以秋为主题的画，选景不是以"大战三秋"的主战场，而是取自"主战场"之外的一个小镜头，到野外采青的牧童，采了一朵野花在手中玩着，后面有几头老牛跟着，姿态悠闲，一副并不急于择草而食的模样，背景有几朵野花开放，把金色的秋天装点一番。牛背上还有几只小鸟，给画面添了几分情趣。悠闲的牧童，悠闲的老牛，悠闲的小鸟，表现了田园闲适文人画的情调，通过侧面描写，含蓄、巧妙地点了"秋"的主题。这种给人以无尽的回味的妙笔，用"大战三秋"的主题来要求当然有些不协调，1974年被当作"黑画"展出示众，十发也成了"黑画家"。

程十发《村晚吴牛将犊归》

当代画家中以画动物象征某一画派的有三位：一是徐悲鸿画马；一是黄胄画毛驴；一是程十发画羊。十发画羊，不只画出了羊的千姿百态，更画出了羊的表情，随着画中人物的身份、心态及所处的环境的不同，每只羊的表情也不尽相同。《北海牧羊》中的苏武，手持牧羊鞭，迎风而立，长髯在风中飘动，围着他的羊群对他翘首相望，有的张着嘴，有的抿着嘴，有的双目圆睁，有的闭目沉思，晚霞成绮，雁过长空，一点没有忧郁与凄清之感，而是激情高昂，人和羊融为一体。庖丁解牛，目有全牛，十发画羊，亦目有全羊。谈到画羊的经验，他说：

> 赵松雪初写二羊图，世为神品。余日日涂鸦，不成半器。得雪松以察马之法以察百兽，腕下即有真羊。余胸中只知一羊，不知百兽，如是腕下无羊矣。

程十发《秋山短笛》

道理很清楚，画一种动物必须了解各种动物。

十发笔下动物注重神韵，注重动物与人物的关系。人不是动物的驾驭者，而是相互为友，动物和人处在平等的地位，求得一种平衡，这种艺术思想来自生活，亦来自古代文化遗产。他说：

> 画动物古来不乏大家，且传至今日有名可作参阅，如韩滉之《五牛图》、李龙眠之《五马图》，五代人画的鹿等。必须从写实中求神韵。写实如照相虽也不易，然乏神韵，此神韵当于古代名作及明器雕刻中求之。如霍去病墓前之神兽，南唐陵墓前之辟邪，再如唐俑中之佳品，见其中何处夸饰，何处去繁，再对照生活中之动物，如是可得能事也。画中之动物，必须有生气，生气即和人物相呼应，以求生活之趣，在劳动中和动物之关系，人和耕牛，人饲羊

程十发《桃花春水牧牛图》

爱猫的程十发

鹿，其中千变万化，作者当掌握之。余总之曰：不能不似，不能太似；不能太真，不能不真。有虚有实，有工有率。先求大体，后求细节。不失结构，有得有失。工处极工，拙处尽拙。得之可爱画中之物，与观者同喜悦此，我为之术。

对古代艺术，十发也是有选择的吸收。他说：

如果拿秦始皇墓中出土的兵马俑和霍去病墓前的石马或前几年出土的也是汉代的“马踏飞燕”相比，我更喜欢汉代的作品。因为秦代的马俑不知是否受了当时文艺政策的影响，太忠于自然，太像标本了；相形之下，汉代的马俑不做自然主义的描绘，却显得生动、美妙而富于魅力。

十发所画的动物，多为家畜，很少画猛兽。他画水牛、黄牛、羊、马、鹿，以人物画对待之，重在一个情字。动物是有情的，但动物如何

程十发《苏武牧羊》

程十发《三羊开泰》

表达感情，十发都体察入微而运笔细腻。他的粗犷减笔，把次要的东西都减去了，而使表达意念的地方更突出了，这叫笔减意不减。他画的《引雏图》，画面是母鸡、小鸡和女孩，天真的小鸡蹦到女孩膝上，天真的女孩正用眼角斜睨着它，四只母鸡一动不动，老成非凡，但目光中都掩盖不住对鸡雏的关心。这样就以鸡雏为中心，使观者感受到母鸡和小女孩的情感交流。

十发的动物画别开生面，是很值得深入探讨的。这里只涉及动物和人物画的关系，略述一斑，但愿能得全貌之效果。

篇之肆

笔底风云：给历史人物注入有生命的灵魂

画历史人物、神话人物及既非历史又非神话的古装人物，在十发的画艺宝库中，很富有光彩。十发是一位很有历史责任感的画家，把“以形立言”作为天职，他通过为历史人物造像或诗意图的创作，以抒发情怀。

《橘颂》《屈子行吟》《礼忠魂》

屈原是十发运作笔墨最多的历史人物。他笔下的屈原基本上是《涉江》中的形象：“余幼好此奇服兮，年既老而不衰。带长铗之陆离兮，冠切云之崔嵬。”画中的屈原佩着长剑，戴着高冠，或行吟于泽畔，或漫步于橘林，或昂首而向天，是高傲的亦是忧郁的，是痛苦的亦是悲愤的，种种复杂的表情都通过那深邃的眼神、高昂的头颅、飘拂的髭须、舒展的袍袖表达出来。

《橘颂》是屈原的少时之作，用“绿叶素荣”“青黄杂糅”“纷缊宜修”等词句写橘之美丽；用“受命不迁”“深固难涉”等词句写橘眷恋江南厚土，志坚不移的坚定；用“遗世独立”“淑离不淫”“秉德无私”等词句来赞美橘之品德高尚。橘有这样多的美德，“岂不可喜兮”，因之“愿与并谢，与长友兮”，最后就“行比伯夷，立以为像兮”，年岁虽少，要以橘为做人的榜样。看来句句是颂橘，句句又不是颂橘，人与橘是一是二，彼此互映，有镜花水月之妙。橘颂所写的是一种性格，这也正是屈原的性格，也正是画家十发欢喜之所在。

画家有一幅《橘颂》，画的是屈原佩剑昂首而立，他得意的女弟子婵娟手托果盘，盘中放着几只黄色的橘子。两个人物除面部用线勾勒，衣服则是墨彩交融的大写意，轻松潇洒，并题写《橘颂》，书法交错，把人物包围了起来，仙气飘逸。观之情不自禁地惊叹：画家胸中的仙逸之气尽倾纸上矣。细看原题，此画家画给女弟子汪大文也。屈原——婵娟，十发——大文，又一个是一是二，我佛无说，均在镜花水月中矣。

另一幅《橘颂》作于1972年，画的是果实累累的橘园。透过橘园远处一角，屈原手里拿着一只橘子，婵娟手捧古琴相随，屈原低眉垂眼，

程十发《橘颂》

有些郁郁寡欢，是否有着“天惟捷径以窘步”之感呢？屈原的这一形象，使我想起十发曾经说过的一段话：

> 过去读《楚辞》，读郭沫若的《屈原》，总觉得屈原是一个受了委屈的形象。尤其令人感叹的是，受了委屈，依然忠贞不贰，爱国之心始终不变，永远对自己的君主和人民充满了热爱。

十发自己何尝不是如此呢？他经受了几多风雨，始终是那样幽默乐观，始终是那样热爱生活，热爱人民，热爱国家。受委屈的事各个时代都有，远自汉朝的贾谊，近至他作此图的时刻，一大批老革命、知识分子，乃至一个极为普通的人，都有着受委屈的经历。受委屈的屈原始终活在他的心中，用他自己的话来说：“委屈，委屈，在我的画中便是‘委托屈原’的意思了。”“以形立言”，十发在这幅画中要诉说的心声，我们不是很真切地听到了吗？

《屈子行吟图》则表现了屈原希望的破灭。图中屈原背负双手，似已走到了纸的尽端，而将大块水面和空白抛在身后。这种不入常规的构图方法，按照通常的习惯应该把浩瀚的江水放在人物的前方，使人物面向沧波，“思随流水去茫苍”，既能表现烟波的浩渺无际，又能表现人物的胸襟开阔。画家这种一反常规的构图，恰恰和屈原的受诬被逐、悲愤欲绝的心境相一致的，行吟泽畔，已经走到了天的尽头，再也无路可走了。不难听出图的画外之音：魂兮归来，哀江南。

《礼忠魂》作于1979年1月8日，画家在画上题着“礼忠魂”，画题之下又题了两行小字：“为纪念丙辰清明节而作，一九七九年一月八日。”图中屈原手捧巨樽，樽中插满鲜花，目露深情，遥望中天，敬献忠魂。身后的婵娟也捧着荷花，但没有仰首望天，而是俯首低眉，面容哀戚。整个画幅运笔疾速，线条苍劲泼辣，充满激情，特别是婵娟的秀发和衫袖、裙边在风中飘动，笔笔都是锋芒毕露。1976年1月8日是周恩

程十发《礼忠魂》

来逝世的日子。“四人帮”的灭亡，“天安门反革命事件”平反，许多遭受不白之冤的人得以昭雪，在周恩来逝世三周年之际，画家创作了《礼忠魂》，是对亡者的悼念，也是胜利的颂歌。《礼忠魂》为屈原《九歌》中最后一节，也是“九歌之舞”的最后一个歌舞场面，前人评之为“送神总曲”，本意歌颂“身既死兮神以灵，子魂魄兮为鬼雄”的国殇英雄，画家以此诗意作画，体现了“春兰兮秋菊，长无绝兮终古”的永恒的境界了。

《广陵散》《高山流水》《箜篌引》

《广陵散》画的是嵇康的故事。画中嵇康身披古时犯人狱衣，不过不是黑色而是红色，袒胸，昂首，须发虬结，但目送飞鸿，手挥七弦，陶醉在弦声里，不知足戴铁镣，死之将至。嵇康膝前，一少女捧盘长跪，盘中置酒肴，是对他行刑之前的祭奠，为他送行，又有菊花数枝，杂乱横陈于画面。这种生死之际的傲然沉静，笔力千钧，如山崩地裂。令人震撼。观此图，我激情难抑地诵江淹的《恨赋》：“中散下狱，神气激扬，浊醪夕引，素琴晨张。秋日萧索，浮云无光，郁青霞之奇意，入修夜之不旸。”

嵇康，字叔夜，拜中散大夫，故又以中散称之。与阮籍、山涛、刘伶、阮咸、向秀、王戎，常集于竹林之下，肆意酣畅，故世人称之为“竹林七贤”。山涛为选曹郎，推荐嵇代替他，嵇康随致书与之绝交，即是有名的《与山巨源绝交书》，刘勰称赞说“嵇康绝交，实志高而文伟”，是千古名篇。因“绝交书”中有自况之语“七不堪”，“非汤、武而薄周、孔”，司马昭看了非常不高兴，随诬罪将他下狱，最后处以死刑，与好友吕安同时被害。十发广涉史籍，所画《广陵散》即描述此时的情景。嵇康临刑时的情景，史书多有记载：“康刑于东市，顾日影援琴而弹。”“嵇中散临刑东市，神色不变，索琴弹之，奏广陵散，曲终，曰：‘袁孝尼常请学此散，吾靳固不与，广陵散于今绝矣！’太学生三千人上书，请以为师”，“于是豪杰皆随入狱”，这是何等悲壮的场面。

嵇康旷迈不群，高亮任性，恬静无欲，善打铁，是一个非常魁梧的美男子，“岩岩若孤松之独立，其醉也，傀俄若玉山之将崩”，“弹琴咏诗，自足于怀抱中”。嵇康善操琴，作有《琴赋》，自云“少好音声，长而玩之，以为物有盛衰，而此无变，兹味有厌（饱），而此不倦，可以导养神气，宣和情志，处穷独而不闷者，若近于音声也”。

程十发《广陵散》

嵇康是作曲家，所作的曲目有《嵇氏四弄》及《风入松》。嵇康所抚《广陵散》，在嵇氏之前即为流行，宋代的陈旸曾拿它与《诗经》相比拟，并说是“曲之师长”。《晋书》有记载：“康常游乎西洛，暮宿华阳亭，引琴而弹。夜分，忽有客诣之，称是古人。与康共谈音律，辞致清辩。因索琴弹之，而为广陵散，遂以授康，仍誓不传人，亦不言其姓字。”嵇康逝世之后，所弹《广陵散》还是流传下来，临刑前所说的袁孝尼即是他的传人。因为嵇康与授琴曲之古人相约，秘而不传，自此之后，每于幽静山林无人之处，即鼓其曲。他的朋友袁孝尼亦善鼓琴，愿以闻见，但无法得到，遂以诈死之法进行学习。袁氏母亲对嵇康说：“我儿平生想听广陵散，不能如愿，现在他已经死了，你就弹一曲给他听听吧。”嵇康听了这话很受感动，把其他人赶走，取琴而弹。袁孝尼聪明特异，一听即会，“寻其谱，弹其声，颇得大道之趣”。袁孝尼所弹广陵散，“其怨恨凄憾，即如幽冥鬼神之声。邕邕容容，言语清冷。及其怫郁慷慨，又隐隐轰轰，风雨亭亭，纷披灿烂，戈矛纵横”。这个传说是否可靠，我们今天无从知道了。《广陵散》流传下来倒是真的。历时千余年，每个时代都有弹《广陵散》的高手，并经不断补充丰富，由短而长，发展到今天的四十四段长曲，是符合音乐发展规律的。知今日尚有几人能操广陵散？即使有能操之人，我想此广陵散非彼广陵散，与其如此，还不如观十发之画《广陵散》，用心去听画外之弦音吧。

《高山流水》画的是春秋时俞伯牙鼓琴遇钟子期的故事。画家以淋漓之水墨画俞钟二人在高山流水处，鼓琴相娱。山的顶及下部均以重笔浓墨画山石之质感，山腰以淡墨晕染，画出白云飘荡，俞、钟人袒胸而坐，在山风水声中弦音缭绕。画上题杨升庵的诗：“流水高山唱咏，明月清风主宾，尘上不惊幽梦，乾坤自有闲人。”

《箜篌引》是据李贺此诗画的诗意图。在诗史上，李贺有“诗鬼”之称，是有浪漫色彩的诗人。他的《李凭箜篌引》是描写音乐家李凭所弹箜篌的美妙，思入非非，奇句迭出，出人意想。然而，即使想象力丰富的李贺，也万万没有想到，他所熟悉的梨园子弟李凭，一千多年后竟在一位画家的笔下变成了风姿绰约的美貌少女，画家似乎在有意和诗人比想象力似的。

“箜篌引”也是十发常画的题材。《李长吉诗意图》画上用蛇龙

程十发《高山流水》

驰引的书法题写李贺《李凭箜篌引》书法，弹琴的则是一个云鬓斜插、彩裙拖地的少女，神情专注，似乎是在听着从自己灵巧的手指下流出来的美妙琴声，沉浸在自己所创造的音乐梦想里。画家的长题书法和弹者颤动的手指相映相融，更加生动地表现了空山玉碎，芙蓉泣露，凤叫兰笑，石破天惊，秋雨点沙，老鱼跳波，瘦蛟狂舞的音乐形象。如果没有画家这样长题，这张画不会有这样好的艺术效果。从这里又可看出画家“以意立形”的巧妙的造形手段。

程十发《李长吉诗意图》

李凭本是个小生类的人物，画家为什么偏偏把他画成一个秀女？他回答得非常巧妙，说：

你读过《古诗为焦仲卿妻作》吗？就是孔雀东南飞，十五弹箜篌，不就是个十五岁未嫁的少女吗？在唐代壁画和陶俑中，弹箜篌的也都是女的，我是用现代技术，给李凭整容，改变为异性人了。

他所说的“现代技术”，就是他用形象思维，挥动他手中的那支笔——手术刀，给李凭动了手术。

十发笔下的《箜篌引》，构图美妙，色彩华丽，线条多变，无论是画少女脸部所用的减笔，画纤纤十指所用的勾勒，还是服饰彩色的粗线，都统一在完整的诗意形象中。如果说，李贺的诗充满浪漫的画意，十发的画则流溢着浪漫的诗情。在《箜篌引》的世界里，两位不同时代的艺术家，将诗情画意紧紧地融合在一起了。

以音乐为题材的还有《香山听阮图》《花下寻音图》及现代国画表现少女弹筝的《迎春图》。白居易是以诗句写音乐的高手，一曲《琵琶行》，“大珠小珠落玉盘”，留下了千古回响，不少人物画家都画过此诗的诗意图。除此之外，白居易还写过有关筝、琴、瑟、五弦弹等许多赏乐的诗，《和令狐仆射小饮听阮咸》这首诗不甚为人所注意，但十发着力地画《香山听阮图》。画上白居易盘膝而坐，一手捋须，一手扶膝，身旁两位侍女，手捧托盘，盘中放着两个酒杯，身后老树繁花，左边是白描双钩的竹子。对面即是弹阮老人，坐在假山石上，面对着一块假山石和一树白花，在慢捋轻挑地弹着，弹阮老人和白居易都沉浸在音乐声中。阮咸因制作及善弹者阮咸而得名。阮咸是阮籍的从子，与籍齐名，时称大小阮。作为乐器的阮咸到了唐代就不为人所识了。唐刘餗《隋唐嘉话》记载：“元行冲宾客为太常少卿，有人于古墓中得铜物，似琵琶而声正圆，莫有识者。元视之曰：‘此阮咸所造乐具。’乃令匠人改以木，为声甚清雅。今呼为阮咸是也。”白居易听阮，当时可能感到新鲜而好奇，我想十发作《香山听阮图》不是为了新鲜，而是被白居易的诗意所打动。白居易诗中有“古调何人识，初离满座惊”“时移音律改，岂是旧时声”。因此用诗劝诫曰“还弹乐府曲，别占阮家名”。此诗恰写出了画家的心声，他所钟情的古乐古曲，此时不仅被改造得面目全非，有的甚至销声匿迹了，这也正是画家心痛之所在。

忧时伤世的《眷秋图》

《眷秋图》也是一幅颇使人陶醉的画。极为简练的笔墨，描绘出老人的精神世界，似有一种激昂与忧郁相交织的情感在折磨着老人。画家画识曰：“方秋崖词人造像，并书其满江红半阕。”方秋崖名方岳，南宋江湖诗派的代表人物，是十发祖籍安徽的老乡。方有着热爱国家、疾恶如仇的品性，在知南康军任上与贾似道的斗争是有名的历史事件，他用奏章、简启、诗词揭露奸臣贾似道（字秋壑）的罪恶，傲然宣称：“怪吾今，鬓已成丝，胆还如斗。”表现出无畏的气概。斗争的结果是被迫去郡，郡民做一大旗书曰：“秋崖秋壑两般秋，湖广江东事不侔。直到南康验体统，江西自隔两三州。”当时郡民为方岳送行者“呱泣之声填街”。画家在图端录秋崖《满江红》词的上半阕：“且问黄花，陶令后、几番重九。应解笑，秋崖人老，不堪诗酒。宇宙一舟吾倦矣，山河两戒天知否。倚西风、无奈剑花寒，虬龙吼。”读之令人感到词人忧时伤世愁贯古今、无可奈何之思盘结其间。画家笔下的词人不正是这种形象吗?

《濒湖问药图》《采药图》

十发出身行医世家，喜以医药题材入画。有关医药题材画，表现的是画家追索童年的情趣。《濒湖问药图》画的是药农和村医的两对祖孙，村医右手拿着一枝草药，左手握铲，背后两大包草药，谦恭地屈身

程十发《香山听阮图》

求教，小孙女双脚着地，双手用力在拉着那只挣扎吃药草的羊，是一趣；老药农歪着头，斜着眼，右手指指点点，左手扶着村医的臂，似乎在边说边想，态度亲切、温和而又谨慎，小孙女在身边跃跃欲试，想插话说几句，但又怕说错了，把手指放在嘴前，表示又不敢说，又是一趣。两趣辉映，把人物的身份、所处的地位及心态活灵活现地表现了出来。

《采药图》画的是父女二人骑着鹿，背着药，似在采药途中，老人双目远眺，还在寻找药草，是静中有动，有着山路行进之趣。画上题识：“吴本为北宋时厦门白礁村民间医师，活人无算，因采药中不慎落石间，失足而亡。后人建庙祭祀，今写吴真人采药图记之。”画家在其

程十发《花下寻声》

程十发《眷秋图》

程十发《濒湖问药图》　　程十发《采药图》

中有些身世家世之感吧。

这些以幽默、风趣为特点的作品，通俗明白，但俗而不腻，俗中有雅。谁也说不出哪是雅，哪是俗，而是雅俗融为一体的“程家样”。十发的画易学，一学就像；十发的画也难学，一学就走样。其原因学者不是缺雅就是缺俗，或雅俗共存，但是分门别户，不是一家人，难以融和。

『钟馗就是我』

欢喜画戏曲人物的画家，大多欢喜画鬼的故事。因为中国古典戏曲中有不少就是直接写鬼，或者间接写鬼。纵观十发的绘画艺术，也是离不开这个轨迹。他除了画和鬼有关的钟馗画，还直接画过连环画《不怕鬼的故事》，还有《聊斋画》，也画过一些女鬼和女妖。

十发曾经说过：

我也喜欢画具有战斗性的题材的，但有时受到一种批评，说是歪曲了形象，这是很难掌握的。这也是我喜欢经常画古代题材和儿童题材的原因。

他在这里说的是政治氛围。除此之外，我想还有他的文化的内在基因。十发是很欢喜谈童年情趣的画家，对戏曲的爱好，是因为童年时看了不少傩戏；对鬼的兴趣，是来自“白面无常”，他感到那些都很有刺激意味。他常常给他的学生汪大文、吴玉梅描述其童年的情景：每年农历七月举行的盂兰会，那可热闹啦，先是把号子吹出一阵长长的悲烈高吭的声音，然后便见一个面孔涂得雪白的“无常”，戴着高帽，拖着长舌，耳边挂着一串纸锭，在傍晚的暮霭中，蹒跚地从石板街上走过来。“无常”的后面跟着吹吹打打的迎神队伍，不啻为奇景大观。

日有所观，夜有所作。山高月小，夜风徐徐，三三五五纳凉的人群在街头摇扇夜话，消热去暑。不安定的孩子会成群结队，游到这里，又疯到那里。十发此时也会调皮捣蛋地幽默一下，用芭蕉扇在竹篱笆上来来回回拉上几下，发出奇怪的声音，令人悚然，接着又大喊一声“鬼来了”！吓得小同伴们逃之夭夭。直到他已经成有名的画家，招生收徒，仍乐于此道。

20世纪60年代，程十发、孙祖白、沈迈士带着学生毛国伦、汪大文、吴玉梅在青浦劳动，食宿在生产队的空房子里。白天一边捡麦子，

程十发《不怕鬼的故事》插图

一边教学生接字头，老师说上句，学生接下句，十发兴来之时，还会用昆曲哼一自制小词“南江好，云树接天涯，鸭绿人家春水展，到处是人家”。他们劳动所在地即叫“南江大队”，所以他哼起“南江好”了。

夜晚，他们就围坐在一起，听十发讲鬼的故事。他告诉他们，村里的人说，许多年前，在这座房子里曾经吊死过一个女人，就在那个梁下，披散着头发，伸出舌头，一双小脚腾空荡来荡去。多年之后，有人从窗口还看到她的影子，没有人敢住在这里，就成了生产队存放杂物的地方。这像接字头游戏一样，十发这个杜撰的鬼的故事，只不过是聊供大家消遣。一个曾经画过《不怕鬼的故事》的画家，怎么还相信有真鬼呢？不料孙祖白胆小，晚上起床外出发生幻觉，吓得发抖，撞在门板上，前额起了一个血泡。孙祖白、沈迈士已逝世，可是这个故事还留在学生的记忆里。

钟馗的故事在民间传说已经很悠久了。中国古代就有以椎驱鬼逐妖的习俗，一说由终葵（椎）演化而来。六朝时期，仍然认为“终葵”可驱鬼避邪，后演化为钟馗。还有一说是由商代仲傀演化而来。仲傀为巫

程十发和老农交谈

相，兼驱鬼之方相，应由驱鬼之巫变成食鬼之巫。青铜器上有虎食人卣及饕餮纹，都象征着“天人”骑在兽上，有的说是巫师升天的坐骑，祈求天神保护，有的说是以战俘的形象铸造出来的，以表彰胜利者的纪念品，我以为还有着驱鬼避邪的性质。我更进一步认为钟馗在商周时代就有了，是巫师的形象。这里不做专题学术讨论，就不去引证更多的青铜纹饰资料了。

钟馗的传说真正见诸于文字资料的，在沈括的《补笔谈》中。该书记载，据说在唐明皇开元年间，“讲武骊山，还宫，痁作，将逾月。忽一夕，梦二鬼，一大一小。其小者衣绛犊鼻，屦一足，跣一足，窃太真紫香囊及上玉笛，绕殿而奔。其大者戴帽，衣蓝裳，袒一臂，鞹双足，捉其小者，刳目而啖之。上问大者曰：尔何人也？奏曰：臣钟馗氏，即武举不捷之士也，誓与陛下除天下之妖。梦觉，痁若顿瘳，而体益壮，乃召画工吴道子，告之以梦，曰：试为朕如梦图之。道子奉旨，恍若有睹，立笔图以进。上大悦，劳之百金，批告天下。”于是天下盛传钟馗，人们将其作为降鬼驱邪的英雄，主持正义的神灵。自此以后，历代画家画过无数钟馗打鬼、嫁妹的故事。吴道子画的钟馗已经“烟波渺渺信难求”了。

有关钟馗画的传世之作，就笔者所知有龚开《中山出游图》。此图本为上海庞虚斋收藏，20世纪30年代流入美国。此图描绘钟馗及其小妹乘舆出游，随从皆鬼，修短不齐，有的抬轿，有的肩壶，有的挎包裹，忙得不可开交。钟馗虽丑怪出奇，但不像凶神恶煞，俨然是儒雅武官，此时正回头看着妹妹。妹妹及身后的使女皆以墨作胭脂涂在脸上，更是奇趣横生。这幅图实际上是绝妙的水墨漫画。

《寒林钟馗图》是文征明的作品。浓云重雾中柘树老槎，苍苍莽莽的一片林子，给人一种寒气凛然之感。钟馗立于寒林之中，缩着颈，抄手袖中，畏寒惧冷的样子跃然纸上。这大概是要表现钟馗的另一方面，武士也有斯文畏缩的时候。

《除夕钟馗》是胡锡圭的作品。胡氏工人物仕女，花卉“效新罗山人，妙得其神”，用笔秀逸。《除夕钟馗》笔意清新，表现出他的画风特色。画中钟馗隐几醉卧，须眉轻张，纱帽低垂；前一小童侧身席地，对着火炉添炭煮酒；钟馗背后，屏风半开，红衫女子探身窥视，盖为其小妹也。案前右侧，一羽白鹤独立，曲颈缩头；案上梅瓶中，数株红梅已突破岁寒，花蕾初绽；茗碗空空，正待着炉火重温。作者题识“癸未五月五日红茵馆主三桥画”。端午节画钟馗祛邪，古代多有此习俗，正如《宋史》所载，除夕画工多献“钟馗击鬼图”，并有“埋祟”之仪（吴自牧《梦粱录》），又“堂中挂钟馗画图一月，以祛邪魔”（顾禄《清嘉录》）。前人对此题咏不少，点出题意：“一醉不关些子事，坐看群魅祟寰中”“颓然隐几懒于云，如此须眉总识君；却有岁寒梅鹤在，不须更写送穷文”。看来，钟馗有些闹情绪，除夕正是驱魔避邪的时刻，老先生却在这里享起清福来了。

写到这里，我们且说十发收藏的几幅钟馗。

《仗剑钟馗》，高其佩指画。图中钟馗仗剑回首，怪眼圆睁，欲斩尽天下不平之事，须髯衣袂飘举，更加助了他的冲霄的怒气。

《钟馗图》，扬州八怪之一的黄慎所作。此图妙趣之所在，持剑的钟馗，对着一只蝙蝠回首瞪视，给人的感觉不是疑神疑鬼，就是小题大做，传达出钟馗性格中“不放过一个小鬼”的执着。此图笔重墨浓，衣纹方折刚硬，是黄慎的得力之作。

最为有趣的是罗聘的《野路登东》和《驴背钟馗》。前者画的是钟馗坐在马桶上出恭，圆圆的屁股显露，一手扶膝，另一手伸向小鬼讨草纸，小鬼蹙眉掩鼻，真是臭气熏天。人物虽然只占三分之一的画面，题一七绝气贯天地，使画上空白与画题浑然一体。那首七绝也极有风趣：“揭取灵源天宝中，不拘野路便登东。一腔傀儡偏消尽，虚耗应须仰剑风。”人生是“有进有出”，尽在此诗中。诗塘中有吴湖帆题的《西江月》词，词云：“三尺没锋蒲剑，一双倒统乌靴。天中令节对人夸，处

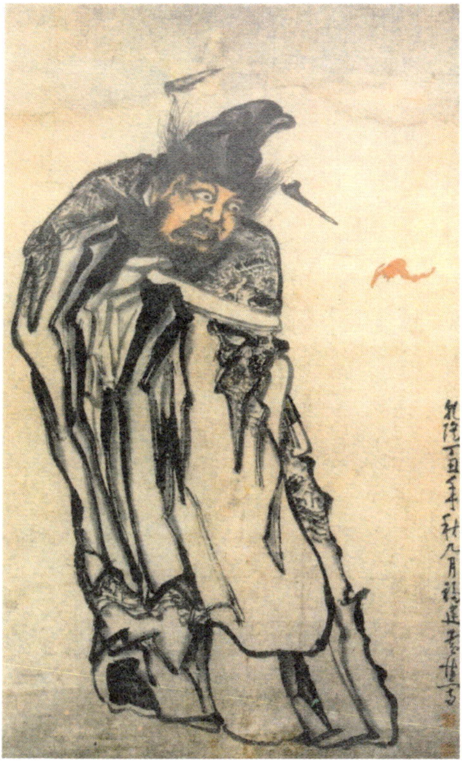

高其佩《仗剑钟馗》

黄慎《钟馗图》

处欢迎争迓。 可惜贪杯易醉，急来丑相难遮。且求鬼子纸钞赊，掩鼻何须装姹。”十发曾对此图点评：“看来，世界上没有不可画的东西，就看画家能否得其趣。”看来，藏家对它是极为欣赏的。

《驴背钟馗》另有一番情趣，画家一改已往怒目金刚的钟馗形象，以春风得意驴蹄轻之笔调，唱出新腔。钟馗春风得意的样子，跃然纸上。画边自题七绝：“只闻凭吊介之推，竞渡还因屈子哀；此外无人同此日，为多禁忌请公来。”原来老先生忙得不亦乐乎，不知又去何方驱鬼？

十发藏的另一幅任颐画的《钟馗图》，画的是钟馗身着红袍骑驴而来，一面目狰狞小鬼为之撑伞挡雨，行笔简洁，色调轻快，堪称佳作。画上有十发题的七绝：

> 细雨骑驴过六桥，山阴画笔认前朝。
> 嗟君鬼忌庸才尽，何必先生诵楚骚。

由这首诗我想起了十发笔下的钟馗，1979年，他画有昆曲《天下乐·嫁妹》，钟馗双手持鲜花，准备给待嫁的妹妹插上，他那一脸的天

罗聘《驴背钟馗》

任颐《钟馗图》

真和喜悦，是根据剧中情节画的速写，精湛的笔墨表现，没有可挑剔的，但不足以表现画家的思想。1981年，十发又画了《春游钟馗》，十发无诗，只题了龚定庵的诗“浩荡春风日已斜，吟鞭东指即天涯。落红不是无情物，化作春泥更护花”。落红虽有情，但毕竟是花期已过，和十发前诗“何必先生诵楚骚”有着同样的意蕴。钟馗兄妹并行郊游，茶花朵朵，翠竹拂风，诸般心事尽抛，是何等消闲自在。但钟馗骑的不是马，也不是驴，而是一头鹿。

某日，笔者就十发这幅钟馗画，问他：“龚定庵的这首诗和钟馗没有任何关系，为什么在《春游钟馗》画幅题上这首诗？”

十发道出了真情，说：“那不是钟馗，那个钟馗就是我。”

“你笔下的钟馗都很善良，很少有仗剑捉鬼的。”

“我画的钟馗没有怒气，他和小鬼都是平等的，在一起玩耍。现有了‘非典’，看来钟馗要派上用处了。”

《钟馗抚琴图》为青年收藏家陆牧滔所藏。陆氏在收藏小记中写道：“《钟馗抚琴图》原是北京一位友人所藏的一幅未画完的无款画，见到此画时发现线条酷似程十发先生早期的风格，带回上海请程十发先生过目被确认。程十发先生为此画题款并加盖两方印鉴。”十发在画上重题曰：“此拙作钟馗抚琴图未竟即为客持去，故纸上隐约留有钟小妹之朽稿，今日重见是图，感有虚实飘忽之趣，希藏者以焦尾琴音物外难得之作也。”十发的题写文字，颇可玩味。

十发笔下的钟馗所表现的闲淡的心情，总使我想到罗聘（两峰）的画风。有的评论家说十发受明人陈洪绶的影响，有的说他接受了任伯年的遗韵，我以为十发人物画中那种机智而灵魂的风韵，一是来自宋人的减笔画，更多的是受到罗聘的影响。从本质上来说是“机趣天成”，主要的还是来自他内心的素养和天性。

20世纪60年代，笔者在报端也看到十发画的几幅钟馗，对钟馗的形象已经模糊了。近翻旧报，果然找到1961年端午节所画的钟馗。一幅是钟馗骑着一头鹿，手摇纸扇，面带微笑，伴随而行的是他的妹妹骑着毛驴，手捧插着鲜花和菖蒲的花瓶，画上题了一首诗：

画成进士笑开颜，骑鹿悠悠终日闲。
鬼魅毒虫消灭尽，轻摇纸扇返家山。

又题“仿罗两峰设色”。另一幅画着钟馗蹲在地上，手持枇杷在逗一个婴儿，婴儿伸手要枇杷，地上还有枇杷三个，画上题诗：

瘟君去尽毒虫无，小妹归宁嫁事多。
抱得婴婴能呼舅，调甥进士入新图。

画家真会想象，既然嫁妹，妹必得子，妹妹回娘家，使这位舅舅乐得哈哈而笑。很清楚，十发画钟馗的立意不在捉鬼，而是画春游钟馗，摇扇钟馗，逗甥钟馗。

十发尝作扇画《按剑待妖钟馗》，钟馗和小妹结伴而行，钟馗按剑，小妹持花，兄妹作交谈状，扇上有十发长题：

画中有钟馗传自吴道玄、黄要乐辈，未见其笑，惟见龚圣予《中山出游图》印本，其中小妹两颊用墨染代胭脂，极为怪诞。自张大复《天下乐》行世，曲家常演其嫁妹一折，故余写钟馗亦常伴有小妹。今戏写钟馗按剑待妖之状，示审有新意乎？

此幅虽表现钟馗按剑待鬼，但画的钟老先生仍然是温和之态。这是十发笔下钟馗的共性。

也许，十发笔下的钟馗，都是画家自己吧。

1976年10月，乾坤旋转，天翻地覆，十发让在家修身养性的老进士复出捉鼠，到处行猎，剥下狐妖美女的画皮。他笔下的《猎归钟馗》，画的是钟馗不再骑鹿，而是骑马从莽林中经过，马后绑了不少猎获的野兽。画家经过十年的风雨人生体验，一个新的打鬼英雄的形象在画幅上出现了。

在历代画家笔下，钟馗只不过是变形金刚，各有各的寓意。龚开的《中山出游图》是反元的，文征明的钟馗是写人世之冷淡，高其佩、黄慎、任伯年的钟馗都是驱妖祛邪，至于罗聘笔下的钟馗，十发在《端午节画钟馗》一文中写道：

程十发《钟馗抚琴图》

程十发《钟馗出游》

> 就拿清代扬州八怪之一画鬼名手罗两峰的钟馗来谈，我见到的就有各种钟馗。
>
> 有醉钟馗图，有的画成钟馗醉后被小鬼揶揄的情景，明明是作者受尽世态炎凉，借题发挥的，有的画成钟馗醉后闭目入睡，亦影射世上鬼魅横行，奈何奈何之感。
>
> 有题诗钟馗，小鬼磨墨，钟馗吟诗，将下笔之状。其实作者是借钟馗之形以纪念屈原的。

十发笔下的钟馗是一个无鬼的世界。钟馗的职务消失了，今人所提倡的“敬业精神”也没有了，所以还要画钟馗，正如画家自己所说：

> 我们今天看钟馗画，正像我们看《西游记》《山海经》一样，这种以钟馗为题材的画还是很有趣，不过和古人的心境大不相同了。

不过，十发还是画过《钟馗捉鬼》的，那是1962年，他应《文汇报》总编辑陈虞孙之约画的，是捉“冗长文字”之鬼。1962年，党中央开了广州会议，继续贯彻“双百”方针，其中就有改进文风的问题。针对新八股文字见长，空洞无物、官腔官调，陈虞孙作为报纸总编，深感这一问题的重要性，于是就写了一篇评话《钟馗捉鬼》，前面有一段小序：春来兴浓于酒。无以遣之，仿作评剧一则，聊以解嘲云耳。

作者在剧中以男角“话无长”代表冗长的文章，以女角“苏空头”代表空话连篇。“话无长”和“苏空头”结为夫妇生了个儿子叫“废话”，苏空头的弟弟叫“缠夹二先生”，这些都属于“长篇废话，空洞无物，缠夹不清”。钟馗就成了“钟编辑”。陈虞孙以锋利的文字把“新八股”挖苦得鲜血淋漓。十发的插图把“话无长”画得又瘦又长，非常干瘪，把“苏空头”画成大肚子，表示满腹空话，“缠夹二先生”身边是一团乱麻，真是剪不断，理还乱，非常形象地表达陈虞孙的文

20世纪50年代末程十发与画院老画师们从北京返沪时的合影

义。可谓“陈程双美”。

“文革”中，陈虞孙为此在《文汇报》吃足了苦头，十发在美术界亦遭此劫。

今天文坛上废、空、夹之鬼还在，可惜读不到这样的文字，也看不到这样的插图了。

篇之陆

舞台速写与古典戏曲版画、水浒叶子及其他

每翻古典戏曲剧本，除了优美的文字令人手难释卷，还有其中的插图也很具魅力。

看了十发的戏曲舞台艺术速写，又总感到与古典戏曲插图版画之间有着脉脉相通的联系。笔者年轻时生活在安徽乡下，没戏可看，对戏曲的了解多是在书案上读剧本得来。那时，拿到剧本除了反复吟咏那些优美的唱词外，对其中的版画插图更感到有无尽的趣味，如同坐在舞台前，剧本中的声情并茂及环境的渲染，都是通过版画传达出来的。我记得读过一本《吴骚合编》，其中有许多版画插图，幅幅精工巧美，画面意境之深邃幽远，至今还留在脑子里。还读过一本《鸳鸯冢娇红记》，前冠陈老莲绘图，人物形象顾盼有神，衣纹花饰细密典丽。当时并不知道陈老莲何许人也，但古代仕女造型之美妙，却使我多年都念念不忘。

后来，既看戏，又赏画，才知道戏剧版画插图，无论在绘画史上，还是戏剧史上，都是一笔很重要的文化遗产。版画绘图都是出自大画家之手，明天启四年刊本《彩笔情词》，汇录元人套数小令，因皆文人情辞，故名。编者张栩撰称：“图

《笔花楼新声》二幅

画俱系名笔仿古，细摩辞意，数日始成一幅。后觅良工，精密雕镂，神情绵邈，景物灿彰。”特别是明代，许多有名的画家都为戏曲作版画插图，十发所宗的陈老莲就是其中最为著名的一位。不过，明代最早作版画插图的画家不是老莲，而是十发的同乡顾正谊。

先说一点画史

明万历年间，苏州的戏曲版画已崭露头角，并有不俗的成就。苏州刊刻戏曲版画历史悠久，明隆庆三年何钤刻《西厢记杂录》，为其前奏，其后有一段相当长的沉寂时期，直至三十年后明万历二十四年，顾正谊撰、绘散曲别集《笔花楼新声》，才又为苏州戏曲版画揭开了新的一页。

顾正谊，字仲方，号亭林，是万历时华亭派画家领袖。《笔花楼新声》图为单面方式，所绘精致典雅，背景繁复，刻写亦精。这从一个方面反映了版画在艺术家心目中地位的提高。这以后有天启年间刊本《槃薖硕人增改定本西厢记》前冠莺莺像一幅，双面连式图十四幅，署名画家有魏之璜、刘素明、吴彬、钱贡、董其昌等十余人，其中或有伪托，但它是当时画坛名手通力合作的结晶。再后有崇祯十三年版本《李卓吾先生批评西厢记真本》，陈洪绶、孙鼎、魏光、陆玺、高尚有、任世沛等绘图，都是享誉一时的丹青圣手。所绘重视揭示人物心理活动，幅幅都是表情达意的佳构。

十发从其中吸收最多的是陈老莲。周亮工在《读画录》中有这样一段叙述：

> 章侯儿时学画，便不规规形似。十二岁临杭州石窟龙眠七十二贤石刻。闭户摹十日，尽得之。出示人曰：“若何？”曰：“似矣。”则喜。又摹十日，出示人曰：“若何？”曰：“勿似也。”则更喜。盖数摹而变其法，易圆以方，易整以散，人勿得辨也。

《李卓吾先生批评西厢记真本》二幅

尊重传统，不故步自封，这是陈老莲的艺术精神。对此，十发刻骨铭心，与之契合。此非夸大之语，十发有“十发梦见悔公”“十发梦见莲子”闲印二方，悔公、莲子即陈老莲也。在一则题跋中，十发又云：“我们祖先留下了杰出而又有艺术性又有通俗性的作品……如近一些的陈洪绶的博古叶子、水浒叶子。”老莲处在明末清初的动荡时代，市民力量和市民意识的抬头，促使了通俗文学的流行，于是插图版画也就跟着小说和剧本的发达而发达起来。通俗文学在民间广泛流行，使当时一些著名知识分子也产生了新的看法。李卓吾认为“《西厢记》《水浒传》皆古今至文”，袁中郎也说：“传奇则《水浒传》《金瓶梅》为逸典。”具有平民意识的陈洪绶，把自己的绘画艺术和木刻艺术相结合，并兼顾版画的印刷和镌刻的特点，适应木刻的特性和表现力，线条劲遒，形象明朗而富有装饰意味，把形象和线条提炼得更加朴素完整，突破了一般卷轴画上的人物画的常规。陈洪绶一生创作了大量的版画，其中有戏曲《西厢记》《鸳鸯冢》插图，文学作品《九歌》插图、水浒叶子、博古叶子。仅《西厢记》陈洪绶就画过多种，有李告辰本西厢、张深之正北西厢、李卓吾评本西厢。水浒叶子是陈洪绶应散文大家张岱之托，为了救济周孔嘉“八口之家”而花去了四个月的时间才画成的。正如张岱所说：“章侯自写其所学所问……以英雄忠义之气，郁郁芊芊积于笔墨间也。”孔尚任也说：“陈章侯画水浒四十八人，奇形怪状，凛凛有生气，非五才子书及酒牌所传旧稿。卷首赵宧光草篆题曰：英武神威。”由此可见，洪绶先后在手卷上、《水浒》小说（五才子书）和叶子格（酒牌）上画过《水浒》图像。洪绶挚友唐九经在为博古叶子写的序中说：“计树之老挺疏枝秀出物表者得二十七；小几大案之张、汉瓦秦铜之设，其器共得五十八；衣冠矜饰须眉姿态而成人物者得四百有十九；一切牛、羊、狗、马之类不计焉。其大抵也古雅精赅，较水浒叶子似又出一手眼。”博古叶子的人物造型，不同于水浒叶子那样激动，古雅精赅，似乎是另一种艺术风格。

十发从陈老莲那里所得到的，绝不只是线条表现及人物造型的方法，而是深入到老莲之内心，老莲活在了他的心中，一种艺术精神的灯光在那里闪亮。

画戏先看戏

十发的舞台速写固然得益于前人之创，但更为重要的是他脚下有着一块肥沃的土壤，才使他戏曲舞台速写开放奇特的花朵。

十发爱看戏。他对笔者说：“爱看戏的兴趣还是小时候在松江看傩戏养成的。”

松江城内有个东岳庙，有庙就有会，有会就有人。每逢庙会或逢年过节，这里就特别热闹。唱戏的、玩杂耍的、表演武术的、说书的、拉洋片的，都来这里占一席之地，竞相演出。他们当众献技，虽然谈不上高雅，但演出了当地的民风民俗，带有乡土气息，有着下里巴人的纯朴

张深之西厢记秘本

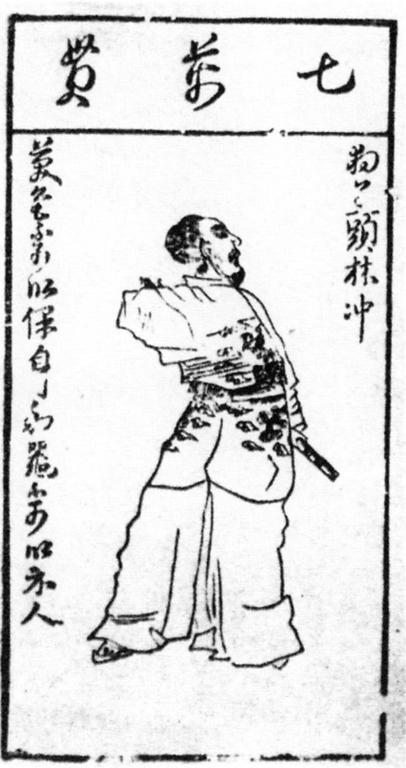

水浒叶子二幅

风趣。

正像孩子喜欢看热闹一样，十发小时候也喜欢到庙会去，挤在人群里面，听书、看戏、观赏杂耍。也像一般男孩子羡慕英雄一样，他对才子佳人不感兴趣，而宁肯看大花脸，看刀来剑去的武打。

程十发《霸王别姬》

十发的舞台速写，常常是选其全剧中最精彩的一折、最精彩的唱词及演员们最精彩的表演之所在。虽然是捕捉在刹那之间，但能够叙事传神。所谓叙事不是画连环的故事，而是通过刹那间的动态，使人联想动态之外的故事。当年，京剧名角赵燕侠来上海演出，笔者撰文，请十发做舞台速写，他兴趣很浓写了三帧，并对三张速写在版面上如何安排得法，考虑颇为周到。拙文也沾光他的速写，顿受读者欢迎。

十发最喜欢画的还是昆曲。笔者曾问他：“何以独爱画昆曲舞台速写？”

十发说：“唱词很美，最富有文学性。”

程十发《评雪》

他画《长生殿》，没有画杨贵妃的“云想衣裳花想容”的美，也没有画唐明皇“迎像”“哭像”的老年纯真，更没有像其他画家画李白醉酒，而是画弹词艺人李龟年，白髯青衫，一曲琵琶弹出了“叹不尽兴亡梦幻，弹不尽悲伤感叹。抵多少凄凉，满眼对江山。俺只待拨繁弦，传幽怨，翻别调，写愁烦，慢慢地把天宝遗事弹”。画家从原剧文字中，抓住“满眼对江山”这句内涵丰富的唱词，着重描绘了由昆曲表演艺术家计镇华扮演的李龟年的眼神及面部表情，传达了对历史兴亡的万千心事。画家的凛然正气也尽在其中了。十发和笔者谈到新编的戏曲时，他说：“现在看杨贵妃的戏，手法太新了，看不懂。”接着又说：“郭老当年写蔡文姬，为的是替曹操翻案，现在为什么要替杨贵妃翻案，不理解。”他还说：“我没有画唐明皇，只画李龟年，是计镇华演的，演得好。”又说：“《长生殿》的舞台速写，我还画过酒楼。郭子仪在酒楼上，看杨贵妃一家新贵，在大街上招摇过市。郭子仪的那段唱是非常有名的。”

郭子仪在酒楼上看到的是什么？原来国舅杨国忠和韩国、虢国、秦国三国夫人各有新宅在宣阳里，这四家府门相连，竞造豪宅，一日完工，合朝大小官员都备了礼物前往各家称贺，郭子仪正打从这里过去。戏里，郭子仪念白：“咳，外戚宠盛，到这个地位，如何是了！”接着唱“醋葫芦”：“怪私家凭僭窃，夸土木。一般儿公卿进作折腰趋，争向权门如市附，再没个把舆情向九重诉，可知这朱甍碧瓦，总是血膏涂。”

十发的《酒楼》速写画出了郭子仪的满腔怒火。

《酒楼》也是计镇华的精心之作。看来，十发为表演大家舞台造像，是出于对高绝演艺的激赏，而在情节的选择上，别有寄托，也恰是画家的境界追求的所在。

十发画有造梦手段，空灵潇洒，展卷有滋味，掩卷有回味，这在昆曲《烂柯山·痴梦》舞台速写中表现得尤为突出。《烂柯山》讲的是朱买臣和崔氏的故事。崔氏改嫁穷书生朱买臣，嫌其穷而逼买臣写下休书，用现在的话来说叫离婚。后来买臣得中金榜，她又求买臣捐弃前嫌，重修鼓乐之好。其中的精华是两折《痴梦》和《泼水》，由昆曲表演艺术家梁谷音演来，真可谓入神入化。十发以此两折画过舞台速写。《痴梦》是崔氏以幻梦为现实，《泼水》则是以现实化成梦幻，此乃剧作家用笔高妙之处。

《痴梦》讲的是崔氏梦见夫朱买臣得中之后，皇役前来报喜，给她送来霞帔凤冠，接她回去当夫人，正在载歌载舞高兴之际，后夫张木匠手持利刀追了上来，吓醒之后，才发现原来是痴梦一场。只落得“津津冷汗流不竭，塌伏着枕边出血”。张目四壁，“只有破壁残灯零碎月”。这“零碎月”三字令十发倾倒，他说，作者不直接写屋漏窗破，满室萧索，而用“零碎月”三字，妙在不言中。舞台速写是写真写实，但在真实之中，画家画出梦境。

《送京娘》是昆曲《风云会》中一折，讲的是赵匡胤在清游观中救了一女朱京娘，结为兄妹，并许她千里步行相送。十发为此折画了一帧舞台速写，名曰《千里送京娘》，赵匡胤前行，双手前伸，弓步前进，似在劈荆斩棘，温婉的京娘随后紧跟。原来是“此处路径丛杂，故先行一步”。了解如此环境，可知《千里送京娘》得传神、传情、传事之妙。演员在舞台上还可运用各种表演技巧，表现出“野花满径，山野呼人”的好一派野景，而画只能取瞬间的意象，来传达那“野旷天高，极目处，只见那卷长空云霞缥缈。见几处草舍蓬蒿，种桑麻，栽竹树，迤逦有清流环绕。近林远皋，巧丹青也难描照”。这一切，在十发的不着笔墨处出现了，留出的想象余地十分广阔。

“水浒画”中，十发常画的有《虎囊弹·山亭》。《山亭》主要表现花和尚鲁智深醉卧山门的故事。在十发的笔下有多种多样的表现，不落在某一种旧套中。《山亭一瞥》一图中表现了鲁智深叉腿扬手，目光炯炯，正在喊出“卖酒的”几个字，舞台上那个莽和尚的形象活脱脱的被搬到纸上来了。而那个卖酒的伙计画得十分传神，通过姿势和眼神反映出他对这个和尚的畏惧，从而衬出了鲁智深粗豪气概。另一幅《虎囊弹·山亭》则表现了鲁智深正在捧着酒桶豪饮，卖酒的已被推倒在地，

程十发《泼水》

程十发《山亭》

头枕着横地的空酒桶，双手向上伸开，似乎在保护着和尚正在饮的那桶酒，一根扁担横地。题跋和画面巧妙地联系在一起，表现出画从小处着眼的大智大慧。特别是鲁智深饮酒时脸部表情，使人仿佛听到他从内心喊出“这两桶酒吃得俺好不爽快”。谁说画是无声的，这张画就使我们听到画内画外的声音。

从前面介绍的几幅舞台速写中，我们屡屡谈到十发的舞台速写对人物眼神的刻画。“传神写照，正在阿堵之中”，这是祖先人物画留下来的老传统。十发继其衣钵，巧妙地运用在自己的艺术之中，生旦净末丑，他都非常注意点睛。不同人物在他笔下有着不同的眼神，不同的眼神又反映出他们不同的性格。全本《牡丹亭》，十发欢喜的不过是《游园惊梦》和《拾画·叫画》两折。十发画《游园惊梦》，杜丽娘和柳梦梅人在梦中，又如不在梦中，这种是梦非梦、是幻非幻的意境如何表现？画家通过这对情人似开似闭、又开又闭的眼神，传达出他们的梦界。着笔太重则醒无梦，太轻则虚幻，亦无梦，孰轻孰重，尽出画家腕底功力。

程十发为中国古代戏曲画了不少速写，也画过古典文学的插图。谈到画《红楼梦》他说：我无法走进大观园。我画《红楼梦》是一段时间，很短，很短。《红楼梦》里面的生活所提出来的问题，跟我们的生活距离很大，所以《红楼梦》我画不好。我喜欢这个人物，大家喜欢那个人物，我总是跟大家不一样。我对林黛玉并不是很有兴趣，那个时候我画也画了，画了好几次，但是都没有成功，因为我思想还是进不了这个大观园，没有办法。有许多同志画得很好，后来就不接触这个了。而且我画出来东西跟曹雪芹不一样的，是自己的。

丹青写出昆曲的文学美

演出全本《牡丹亭》曾经热闹了一阵，某日从十发所画的一幅舞台速写谈起此事。

郑重：我看到你画过《牡丹亭》中《拾画》一折，你只画了柳梦梅在看一个画卷，没有背景。

程十发：《牡丹亭》我画得少。我认为汤显祖是有才气的，但《牡丹亭》写得不好。从全剧来看是不成功的，把《惊梦》《寻梦》二折精彩的单独拿出来，整个剧本就立不住了。

郑重：是的。清李渔在《闲情偶寄》中也是这样认为，他批评说："二折虽佳，犹是今曲，非元曲也。"

程十发：唱词写的也不怎样，虽然字面很漂亮，但没有内容，没有文学性，不美。

郑重：是啊，对《惊梦》首句"袅晴丝吹来闲庭院，摇漾春如线"，李渔认为此话"不妨直说，何须曲而又曲"，"百人中有一二人能解此意否"，"索解人既不易得，又何必奏之歌筵"。其余如"停半晌，整花钿，没揣菱花，偷人半面"及"良辰美景奈何天，赏心乐事谁家院"，"遍青山啼红了杜鹃"，李渔批评说"字字即费经营，字字皆欠爽朗"。

程十发观南方两省一市昆曲会演速写一组

程十发：李渔的批评是对的。汤显祖在太仓过了很长时间，写的都是由明入清画家王时敏家中的事。王家的姑奶奶跟一个道士私奔了，道士在戏中变成了书生，杜宝黄堂就是影射王时敏祖上，塾师陈最良是影射陈继儒。汤显祖是写人家的隐私，这样不好。

郑重：影射的是王时敏的祖父王锡爵的事。王锡爵在明万历朝掌翰林院，后又做礼部尚书兼文渊阁大学士，杜丽娘这个人物的原型一说是王锡爵的小妾昙阳，一说是他的女儿。后来，这件事在文坛上闹得沸沸扬扬。

程十发：有些事当事人是看不清的，要后来人才能看清楚。我看昆曲不是太多，更多的是看剧本，掌握捉摸昆曲剧本以外的事情。

郑重：作诗是功夫在诗外，你看戏也是功夫在戏外，可谓是观众中的高人，否则达不到戏外功夫这一境界的。

程十发：现在要演全本《牡丹亭》，不知怎么演法，全剧连起来是没法演的。

郑重：我看有些昆曲写了就不是为演出的，是书案本，就像你一样，是把昆曲当作文学作品读的。《牡丹亭》自问世以来，大概是没有演过全本，都是演几折。从《玉茗堂尺牍》中可以看出，汤显祖还为此发牢骚，特别是吴江派沈璟对《牡丹亭》改动一下，搞得汤显祖很不愉快，引起了吴江派和临川派的一场大辩论。

程十发：这些都是“戏外功夫”，看戏的人不去研究，演戏的人也不去研究，我们只好做聊天的资料。其实，汤显祖比洪昇差远了，《牡丹亭》写的是琐碎的小事，而《长生殿》写的历史上的大事，整个剧结构、唱词也比《牡丹亭》好。

程十发《牛皋下书》

十发喜爱舞台上的昆曲，也喜爱书案上的昆曲，常读元明杂剧，和他谈昆曲，那些富有文学性的曲词，常会脱口而出，并有着自己的理解与阐释。三国志戏《刀会》写的是关公应鲁肃之邀，单刀赴会，其中有句唱词：“鏖兵的江水犹然热……二十年前流不尽的英雄血！”关公驾舟东下，迎着朝阳，看到被旭日映红的江水，便想到英雄流淌的鲜血。对这种在特定的时间江面上出现的景象，十发解释得颇有自家心得。关公看到红色的江水联想到英雄的鲜血，一点也不突兀，是极有个性化的语言，而且前面已做了铺垫：“你看，这壁厢，天连着水；那壁厢，水连着山。俺想二十年前隔江斗智，曹兵八十三万屯于赤壁之间，其时但见兵马之声，不见山水之形。”这正是英雄的心态。两兵相交，只想到战胜对手，夺取胜利，不会有“流不尽的英雄血”的感慨的。只有大战之后，休养生息之际，想到当年的鏖战，才会发出如此的感慨来。

十发喜爱昆曲，除了家乡流行的江南傩戏的影响，还有他读书那所小学的教师。那位教师只有十八九岁，懂得昆曲。他常在孩子们面前自我陶醉地哼唱起来，唱的不外乎《西厢记》《牡丹亭》这些甚为流行的

程十发《况钟》

词章。虽然那些清丽典雅的极具文学性的语言，没能在十发心中留下什么，但那婉转低回的曲调，却给他留下深刻的印象，正像乡村画家在灶台上画山水那样，深深地扎根在心中，并伴随着他的人生。

十发真正听到昆曲还是在上海美专念书的时候。美专设置了文学课，常请社会名家来校讲课。昆曲研究专家周贻白来讲昆曲，第一课讲的就是白朴的《唐明皇秋夜梧桐雨》。六十多年过去了，十发还能清晰记得当时兴奋的情景，并会情不自禁地哼了起来："是兀那窗儿外梧桐上雨潇潇。一声声洒残叶，一点点滴寒梢，会把愁人定虐。"他说："雨打树叶的声音，极为单纯，把意境写绝了。"是的，十发是从文学、意念的角度来听秋夜梧桐雨，那雨不是细丝丝梅子雨，不是红湿阑干的杏花雨，不是玉容寂寞的梨花雨，不是翠盖翻翻的荷花雨。它们都不似秋夜梧桐雨那种惊魂破梦，助恨添愁，彻夜连宵。此中的孤独、寂寞、凄凉、幽怨……千百滋味，任你去体验，任你去想象。十发绘画艺术中出神入化的诗意从何而来？至此可以得到回答了吧。

新写《梅花喜神谱》

观曲、读曲、拍曲，这是十发爱好昆曲的三部曲。

拍曲是十发全家的爱好，或者说全家和昆曲有着不解之缘。上海昆曲界的名角是程家的座上客，他们常聚集在那里拍曲。他们把这里叫作“多多曲社”，有时会半天半天地在那里，你唱一段，我唱一段，程多多的那支横笛，则一吹到底。有时兴致来了，老先生虽不粉墨，也要登场，用那雄浑苍老的声调唱一曲《刀会》。十发本来爱唱花脸，此时也屈尊下拜比他小一辈的计镇华为师，唱《弹词》《苏武牧羊》等老生戏。

戏曲舞台的道具都是不值钱的，唯独昆曲名角的扇子，往往是大画家的珍品、极品。笔者观昆曲，很注意演员手中的那把团扇或折扇。记得计镇华、梁谷音演出《蝴蝶梦》的时候，台上那幅庄周道貌岸然的画像，就是十发的亲笔。蔡正仁的《拾画・叫画》中那幅依傍梅林的杜丽娘的春容，则是十发女公子欣荪的手笔。多年前，上海昆剧团赴台湾演出，他给“多多曲社”主要演员送扇面一把。这次受赠的演员有蔡正仁、计镇华、梁谷音、岳美缇、张静娴，还有青年演员张军、沈昳丽。马玉琪在台湾演出京剧《清宫秋雨》，十发为其画慈禧像的海报，并题写：“玉琪兄创演清宫秋雨，规模宏伟，剧坛盛举，特写此祝贺。”

十发的骨子里有着一股孤傲之气，但对戏曲的艺术大师则顶礼膜拜尊之。

京剧表演艺术大师梅兰芳，对于昆曲的表演也甚精湛。十发对梅兰芳十分敬佩。1962年，大师仙逝，十发作一套《梅花喜神谱》，用梅花象征梅兰芳，将梅氏生前常演的京剧、昆曲，凭记忆，一一描绘出来，刊于《文汇报》，观者读画后，仿佛看到大师的绝世丰神，重睹《贵妃醉酒》《宇宙锋》《玉堂春》《凤还巢》《天女散花》《洛神》《游园惊梦》《霸王别姬》等剧中优美形象。后来一位收藏家藏有《天女散花》，十发睹画感怀，复题之曰：

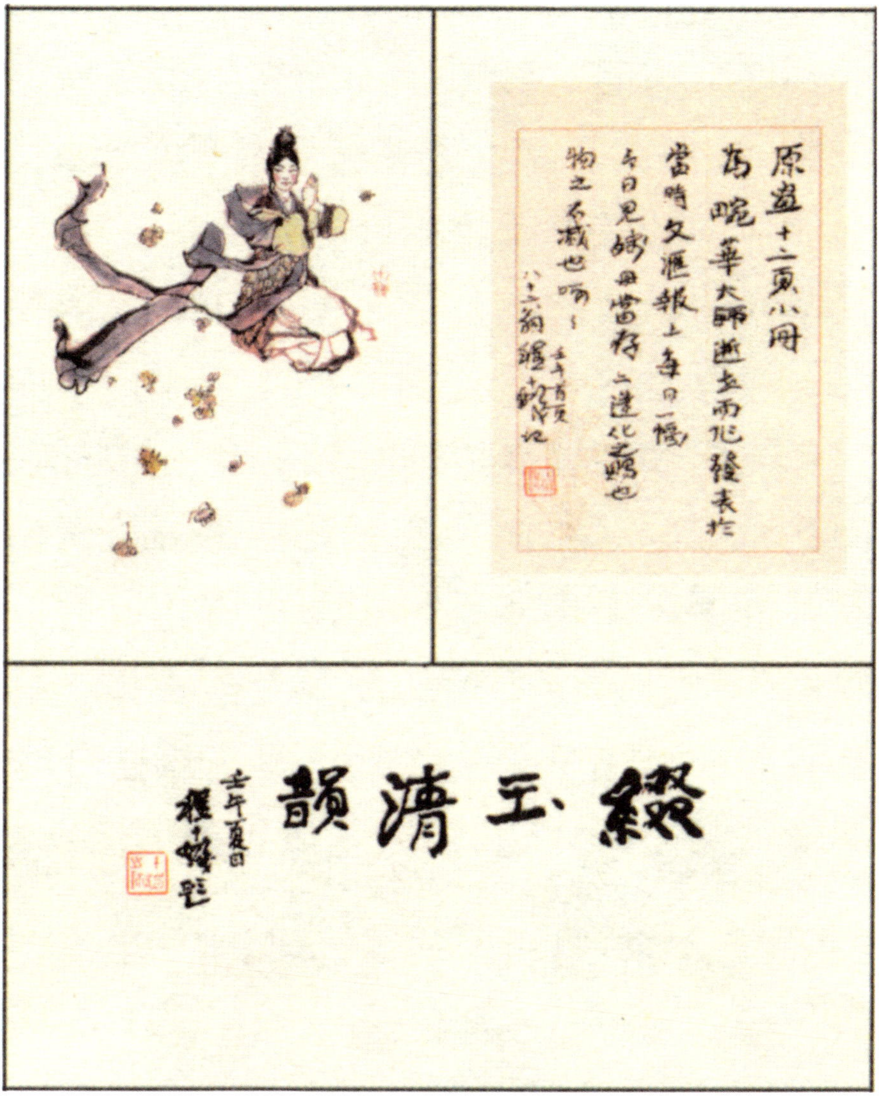

程十发新绘《梅花喜神谱》及题词

程十发新写《梅花喜神谱》四幅

原画十二页小册，为畹华大师逝世而作，发表于当时《文汇报》上，每日一幅，今日见残册尚存，亦造化之赐也，物之不灭也，啊啊！

程十发画舞台速写积累了丰富经验，他说：速写是基本功中之基本功。速写可以培养手、脑、眼的统一。

画速练是训练脑、眼、手这三样东西，也凭这三样东西。第一关不要怕，关键是抓住外面的轮廓线，细部的地方可以稍后一会儿。画速写要抓住神情、脸部及手要抓住。要用脑，要用理解。速写是当场看和记忆相结合的。

戏曲舞台速写“四要”：

1. 不怕快，不怕复杂；

2. 抓大体，抓重点；

3. 记、背、看结合；

4. 画得多，画得快。

十发为梅兰芳作的这组速写，可以验证此说。他是凭记忆而画，存在他记忆中的就是“轮廓线”“神情”“脸部和手”，没有这样的记忆，梅氏仙逝后，就不会留下这部新的《梅花喜神谱》了。

《梅花喜神谱》原为南宋末年宋伯仁编汇，分上下卷，按梅花从蓓蕾、小蕊、大蕊、欲开、大开、烂漫、欲谢、就实等八个过程，绘出不同梅花一百幅，每幅配有题名和五言诗一首。宋人称画像为喜神，因而得此书名。此书宋景定年刻，海内孤本，吴湖帆之妻潘静淑三十岁生日，岁适辛酉，与此书初刻干支相合，其父祖年以此相赠为贺。吴湖帆得此，又名其居为“梅景书屋”。十发以自己的彩笔绘新腔《梅花喜神谱》，表达对梅兰芳的怀念，可谓是巧抒胸机，智者之举。

提起俞振飞，十发则带几分自豪地说：“他是松江人。祖上是松江府娄县，娄县即是松江城里，华亭是松江城外。”

十发认为，俞振飞演戏和其他人不一样，上代有好的传统传下来，周围又有许多人影响他，修养、形象都非常突出，其他小生都难以相比。俞振飞开始在北方拜程继仙为师，第一次登台演《连升店》，是小丑和小生的戏，和主角配合得还可以，后来就遭人妒忌，在台上捉弄他，演《辕门射箭》时，配角故意换错旗牌，戏无法唱下去了。所以程继仙说："北方不是你演戏的地方，还是回南方去吧。""不遭人忌是庸才"，俞先生遭人忌，说明他非同一般。

俞振飞舞台生活六十周年纪念活动，电视放映十发和俞振飞在一起作画的镜头。俞振飞画一株兰花，十发补的是蝴蝶。十发说："昆曲是戏剧中的兰花。我喜爱昆曲，正像这蝴蝶喜爱兰花一样。我们这幅画就叫作蝶恋花。"

海瑞精神留笔端

改变历史发展趋势的事件，常常是在伟大人物情绪变化中偶然出现的，对《海瑞罢官》的批判就属于这样的事件。

1959年4月，刚刚落成的上海锦江饭店小礼堂，中国共产党八届七中全会在这里召开。这是一次对1958年"大跃进"纠偏的会议，也就是人们常说的"反冒进"的会议。毛泽东在会上做了长达三个小时的讲话，回顾

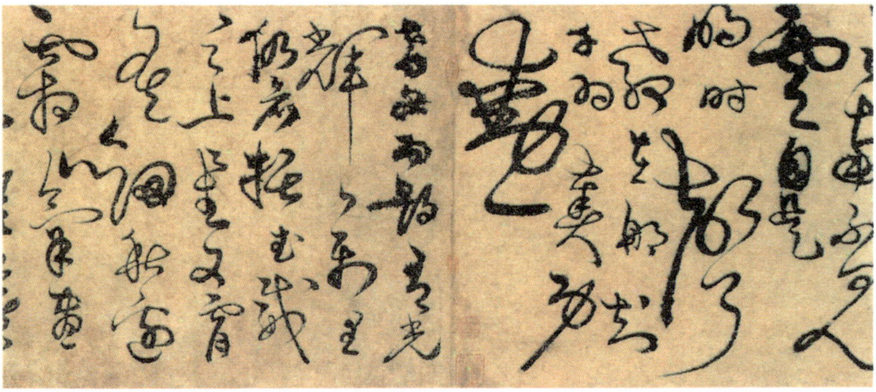

海瑞行草手迹

“大跃进”一年来的历程，提出了十六个问题，评古论今，说长道短。

毛泽东讲第十五个问题即是不要怕鬼，大家要解放思想，要敢于讲真话，敢于批评他的缺点，并大讲“舍得一身剐，敢把皇帝拉下马”的海瑞精神。他说：海瑞给皇帝的那封信，那么尖锐，那是很不客气的。海瑞比包文正不知道要高明多少，广东出了海瑞（海瑞是海南岛人，当时属广东省），很有荣誉。毛泽东还说，他把《明史·海瑞传》送给彭德怀看了，并劝周恩来也看一看。

胡乔木把毛泽东的讲话精神告诉了明史专家吴晗，要他为《人民日报》写宣传海瑞精神的文章。与此同时，钱俊瑞也向文艺界传达了毛泽东的讲话精神。吴晗很快写出了《海瑞骂皇帝》的文章，以刘勉之笔名刊登在1959年6月16日《人民日报》上。会议是在上海召开，近水楼台，《文汇报》总编辑陈虞孙以“闻亦步”的笔名写了《包公与海瑞》，刊于1959年5月13日《文汇报》上。同时向程十发约稿，请他画海瑞的故事，在报上连载。

画海瑞的故事，是十发很高兴画的题材。他知道海瑞是个清官。嘉靖皇帝自比为古代圣君尧，号尧斋，但皇帝当长了，懒于问朝政，住在西苑，每天拜神作醮，上青词。青词是写给天神的信，要写得很讲究，宰相严嵩、徐阶都因为青词写得好而得宠。海瑞对此看不惯，就给皇帝上了《治安疏》，数落皇帝的错误，提出严厉的批评，把皇帝大骂一通。嘉靖看了，大怒，把奏本丢在地下，叫左右立刻逮捕海瑞，不要让他跑了。宦官黄锦在旁报告说：海瑞不怕死，连棺材都准备好了。嘉靖一听倒愣住了，和徐阶商量。徐阶说了许多好话，算是保了海瑞的性命。嘉靖死后，海瑞立即释放，后升南京右通政，外任为应天巡抚。徐阶是松江大地主，有田四十万亩。海瑞搞退田，给徐阶写信，要他把田退出一半，得罪了徐阶，以后又治水救灾，修吴淞江……徐阶是十发的老乡，海瑞治水事又发生在松江。对此，十发少年时代即听得这些传闻，又在徐阶墓地上放过风筝，就倍感亲切。

由于毛泽东的提倡，全国出现了“海瑞热”。吴晗更是如此，写了《海瑞骂皇帝》之后，又写了史学论文《论海瑞》，交给胡乔木审查。这时正是7月庐山召开党的八届八中全会前夕。在庐山会议上，毛泽东又讲了海瑞精神。讲话之后，彭德怀上了“万言书”，与会者都在赞扬彭德怀的胆量时，胡乔木却提醒说：“这封信可能惹出乱子。”结果，彭德怀等被打成反党集团。八届八中全会闭幕，胡乔木从庐山上下来，在吴晗《论海瑞》文章的结尾加了一段骂“右倾机会主义”的话。因为彭德怀在庐山会议上大有海瑞风范，为了避嫌，所以才加一段与全文风马牛不相及的话。吴晗接着又写了新编历史剧《海瑞罢官》。1961年初，《海瑞罢官》由北京京剧团马连良演出

程十发《海刚峰造像速写》

后，毛泽东很高兴，在家中接见马连良，请客吃饭，还要马唱海瑞，并说：“戏好，海瑞是好人。”还称赞剧本写得不错。马连良回来告诉吴晗。吴晗听了也非常高兴。

与北京演出《海瑞罢官》的同时，上海也搞了个《海瑞上疏》，剧本由陈虞孙挂帅，麒麟童周信芳演出。

几年之后，中国发生了由批《海瑞罢官》为序幕的“文化大革命”。凡歌颂海瑞的及反对姚文元《评新编历史剧〈海瑞罢官〉》的人，都在劫难逃。程十发更是被穷追猛打之中，要他回答：你为什么要画这套连环画？你和彭德怀到底有什么关系？

十发不知道该如何回答这些问题，但不回答又不行，最后交代说：“我这画是一九五九年春天画的，很可能彭德怀在报上看了我的连环画，受了影响，要学海瑞，所以一九五九年秋天庐山会议上跳了出来，也终于像海瑞一样被罢了官。”

这样煞费苦心的“推理”，似可编入《新笑林广记》，看似是十发的幽默，但幽默的背后隐藏着冷酷的事实，画家的心也是冷的。

文艺界组织一场大型批斗会，麒麟童、程十发同时登台，接受批判。如此的经历已经不少，十发已感到心疲无聊，两眼在地上寻有什么东西可供娱目消遣，结果看到麒麟童的一双脚。他感到奇怪：麒麟童的脚为什么那样小？如果把他的鞋子给我穿，那可是真正叫穿小鞋了。大难当头，十发还有如此的幽默消闲的心境，由此可见他的旷达与洒脱。

麒麟童是被迫害致死的。“文革”结束，给他平反昭雪，恢复名誉，其家属请十发为之画幅肖像。后来，十发和曹可凡谈到这幅肖像，说：“我的那幅肖像，把麒麟童的脚画得最真实，最细致，而对他的脸，我则没看清楚。”

接着，他又说：“海瑞和嘉靖皇帝、徐阶产生的矛盾冲突，是由语言不通引起的。嘉靖皇帝是北方人，讲北京土话；徐阶是松江人，讲的

程十发在海瑞墓前

程十发在美国旧金山

是苏州话；海瑞是海南人，讲的是广东话。当时没有标准的普通话，所以语言不通，产生误解。如果将三个人写一段相声，那是很精彩的。”

严峻冷酷的现实，在十发的幽默中化解了。

幽默不一定都是笑。笑也不一定都是快乐。

粉碎“四人帮”之后，周信芳之子少麟于1979年国庆节重演《海瑞上疏》，十发画海瑞像相赠，以表祝贺与纪念。我没有看原画，可是当我在2003年9月访问十发时，他给我看了初创时的草图，图上题着“海刚峰造像”，文意大致为：1979年国庆节，少麟兄演《海瑞上疏》，不胜欢快，借晨窗阳光和煦，奋笔写此刚峰造像以为纪念：

尊翁信芳同志二十年前国庆节亦上演此剧，后为林彪与四贼引为大毒草，先后遭迫害，余亦曾画海瑞连环画，亦受四贼之害，与信芳同志同地批斗。信芳同志今已沉冤昭雪，少麟重演海瑞，余重画海瑞，为以海瑞精神蒙冤同志昭雪以为纪念。特赠少麟同志供奉，并乞教示。十发并记缘起。

十发在美国旧金山时，在一家咖啡馆内看到一帧电影广告，广告上的画就是周信芳演的《跌星楼》剧照。原来，美国在放映《周信芳舞台艺术》。十发有些感慨地说：“天地之大，人的缘分无尽，美国人也欣赏海瑞精神。”

九松山庄释义

九松山庄是十发的另一座绘画艺术庄园，是“中国瓶子装的洋酒”。九松山庄这名字古雅，是中国的气派，大有隐者之风，而引发出这个名字的却是太平洋彼岸的旧金山。

旧金山是个半岛城市，面临大洋，环抱海湾，山海相连，再往上走就是旧金山了。半岛与大陆接壤之处便是世界有名的硅谷，九松山庄就在硅谷与旧金山之间。

旧金山海边多松树，连绵不断，在山与海之间形成了天然屏障。程多多留学旧金山学艺，定居此山，便名其居为九松山庄。十发旅居旧金山，抚群松而盘桓，随书“九松山庄”的匾额，以志肯定。又感到还不足以表达情之所托，又写《海边松树》长长的画卷，畅快淋漓地倾诉异国风物。于是，父子二人同在一个屋檐下，共同拥有九松山庄。

程十发在九松山庄对花写生

程十发在九松山庄书联

在九松山庄的日子里，观光、看画、作画，十发的生活是由这三个方面的内容构合而成的。十发学画自山水始，对异国的湖光山色仍是笔底风云。多多陪父亲去看了大峡谷。多多谈了看大峡谷的感受，他说：大峡谷是个陷阱，山水风光是在地表之下的。下了车就是平地，往前走，大峡谷突然现在眼前，山就在脚下，去的人都会惊得哇的一声。大家都是“哇”，但各人的感受不同，旅游的要摄影留念，以记到此一游，风光摄影的要拍照，唱歌的要喊上几声，写诗的要行吟，画画的要把“哇”的一声感觉画出来，给人以大峡谷壮观的形象，使那些即使没有到过大峡谷的人看了也会产生“哇”的一声的感觉。我和父亲都是中国画家，当然是带着中国文化的眼光去看大峡谷，又要用中国的笔墨去表现大峡谷，这里就有许多要探索的问题。父亲画的《海边松树》就是一次探索。

多多的这番话很耐人寻味。观十发已往的绘画，特别是连环画，他借用外国的方法画中国传统故事，如今又用中国笔墨去表现异域风物，这样一开一合，一进一出，经过调整与糅合，蜕变成给人耳目一新的艺术特色。我们走进九松山庄，就可以看到十发艺术实践的大概。

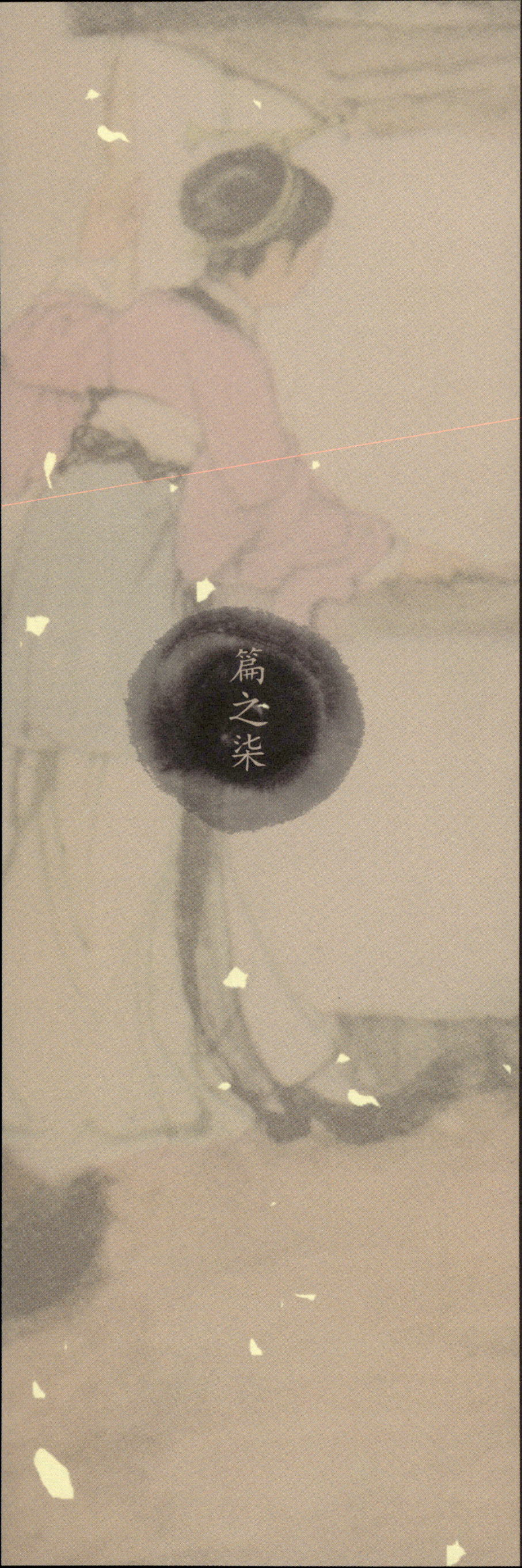

篇之柒

《幸福的钥匙》

和《画皮》

打开十发的绘画艺术宝库，可以发现连环画是他的镇库之宝。从青年时代以画连环画为谋生，到晚年人们都以“国画大师”称誉之，他对连环画的钟情始终如一。十发说：“我每年都要花一定时间画连环画，这是很必要的，我自认为这是‘裹小脚’，既画泼墨的写意画，又画规矩的连环画，放放收收，很有好处，否则一味去‘泼墨’‘写意’是不行的。”

十发把画连环画视作泼墨写意画的一种规矩。他的国画尽管泼墨写意，夸张变形，但没有发展到不认家门的地步，仍然在写实的艺术范畴中，但外人又不以写实艺术观之，其奥妙就在有了这个规矩。十发以自己之得教育女弟子汪大文：“连环画是能磨炼人的，要画些连环画。连环画对人物的布局、造型及笔力有着综合的帮助，不可等闲视之。”

谈到十发画连环画，张之江有这样一段回忆：“十发那时还住在松江，一天我接到姐姐的来信，说十发画连环画了，我感到很高兴，画家要开始从文人画的山水中走了出来。我一天一封快信，表示支持他画连环画，还给他出了主意，让他画‘臧大咬事件’。这件事在上海很出名，是新闻界的热点，你们《文汇报》的唐海还专门写过。”

1946年，三轮车夫臧大咬拖着西班牙籍水手赖令奈，从虹口拉到朱葆三路安乐宫舞厅。赖令奈下车以后，没有付钱就直奔舞厅跳舞去了。臧大咬不甘心，就和朋友在舞厅前等着独眼的外国水兵出来讨钱。独眼水兵出来之后，臧大咬上去讨车钱，水兵不给，就扭打起来，结果臧大咬被独眼水手的美国伙伴打死了。这是一件震动上海滩的事件。

从画这部人物画开始，十发就由画山水转向画人物。为了探索人物画的技法，他除了学习陈老莲、任伯年的人物画技法外，还采取一种特殊临摹的方式，将一西洋名画翻成线条画。通过这种尝试，将画洋画的技法和传统的笔墨结合起来。他所喜爱的西洋画家很多，对德国的丢勒、贺尔拜因，法国的安格尔，都做过学习模仿。他也赞赏印象派，尤其是欣赏凡·高的作品。

程十发连环画《姑娘和八哥鸟》四幅

1949年，上海解放了，松江也解放了。一天，他在书店买了一本毛泽东的《在延安文艺座谈会上的讲话》，回家读了一遍，对文艺工作者要深入工农兵群众的生活中去的提法感到新鲜，心想就去试试吧。

于是，他卷了一个铺盖，来到松江天马山下。当时那里正在搞土地改革运动。十发找到一位负责人，向他说明自己的来意，那位负责人就安排他住了下来。

十发参加了几次“农民同地主对账讲理大会”，亲眼见到了土改斗争的情景。回到松江，便画了一幅《反黑田》的年画。这幅作品当然是很幼稚的，但在当时，这样的作品不多，而且确实把一个山区群众大会的场面如实地反映了出来。所以，当他将此画投给上海的出版社时，很快被采用了。这使十发受到很大鼓舞，他开始画连环画。他画的第一本连环画是水浒传《野猪林》，这也是一件不成熟的作品。这部作品因为通篇画的只是人物上半身，被人笑话为“半部野猪林”，十发感到很苦闷，但他并不灰心，继续探索画连环画的方法。

对这段经历，十发回忆说：

自全国解放后，开始接触到党的文艺政策，感到普及工作很重要，于是尝试画连环画，当时也曾到农村参加土改，在斗争中思想也有所体会，创作了一幅《反黑田》的年画。拿到上海，受到同志们的鼓励。以后我就开始搞连环画工作。创作第一部连环画《野猪林》共一百多幅，

程十发连环画《葡萄熟了的时候》二幅

程十发年画《黄巢入长安》

程十发连环画《野猪林》

当初真是难极了。构图和人物形象很难掌握，画出来的尽是半截人（只有上半身）。创作第二部连环画《金田起义》，在构图上比第一部长进些。后来又画了几本连环画，但质量都较差。1952年春天，画了《葡萄熟了的时候》，是根据同名电影剧本改编的，这本连环画在技巧上比以前有一些进步。

那时，十发和夫人张金锜，带领着欣荪、程助、多多由松江移居上海，住在一间很小的屋子里。又和连环画家顾炳鑫相识，两人在一起切磋连环画的创作，并应连联书店之邀，担任该店连环画的审稿工作，白天到书店上班，晚上在家画连环画。

1952年秋天，程十发接到吕蒙的电话，问他愿意到华东美术出版社工作吗？程十发一口答应下来。这是求之不得的事情，参加工作，有了固定的收入，可以集中精力画连环画了。

吕蒙，浙江永康人。1932年入广州市立美术学校。抗战期间参加上海各界救亡协会，曾任新四军抗大第八分校美术系主任。1942年，吕蒙和程亚君合作画了连环画《铁佛寺》，1949年任上海军管会文艺处美术室主任，此时任华东人民美术出版社社长。他从十发的作品中发现这个青年很热情，很敏感，很有才气，便把他吸收进华东人民美术出版社，任创作员。至此，十发才算有了正式工作。

上海作为现代绘画史上连环画创作和出版基地，在1950年前后在连环画创作、出版发行方面又起了率先作用。1951年1月28日《人民日报》报道："广大群众热爱的通俗读物连环画，解放后在上海出版已逾七百余种，遍销全国各地，其中的《解放大上海》《百万雄师下江南》等销数达七万份。"这年的4月，上海还举行了"连环画展览会"；6月，又由几个出版机构组成"连环画出版工作委员会"，领导对旧连环画改造及新连环画的创作。

有了出版社这个舞台，给十发提供了施展才能的机会。他和许多搞连环画创作的朋友在一起钻研学习，又能看到许多已往看不到的材料，

程十发连环画《画皮》四幅

创作水平很快得到提高。为了创作反映农业合作化的连环画，他和丁浩去山东农村搜集素材，归来后，创作了连环画《老孙归社》。

《幸福的钥匙》是程十发根据李季的长诗画成的，是该诗的插图，虽然还没有走上成熟，但倾注着十发探索求新的心血。对这些插图画，十发做了这样的介绍：

> 多年前，听到一位同行对我的连环画评价时，说什么程某的单线画还可以，复线可能不行。天知道，我从未画复线的作品。他所谓复线就是指画出明暗光线的钢笔画。我受了这种刺激，正好要为诗人李季《幸福的钥匙》画插图。因为当时找不到婉转自如的小钢笔尖，所以用细小的硬毫毛笔代替。我是出于好奇，这种画法在西方大都是用以复线制版，事先有一张画稿，雕刻者翻成线刻的版画再进行印刷。我先在炭画纸上画成有明暗和投影的工笔素描画，继而在画面上根据线条明暗变化的需要画成钢版样式的所谓复线画。这样，花费了我好长时间。当时我志在学习，兴趣非常浓。创作等于考试，随时会流露出作者的爱好和素养。不要学所有艺术已经定型的东西，要学习各种探索性的东西。

十发好学，他在吸收外国的绘画营养。他用毛笔画成铜版笔画的艺术效果，就是学习丢勒和伦勃朗铜版画的方法。他还采用石版画及木刻的方法画连环画。他又把这种方法运用到画中国画上去。程多多说：“我跟父亲学画，只有老老实实地画，不敢玩小聪明。”

十发的另一探索，就是用中国画的水墨技巧画连环画。

《聊斋志异》是浪漫主义的短篇集珍。《画皮》就是其中寓意深长的一个短篇。将这个故事用连环画的形式表现出来也许并不难，难的是在笔墨之间传达出原作的浪漫主义气息，这完全取决于人物造型。

谈到《画皮》的创作时，十发说：

程十发《幸福的钥匙》插图二幅

那是1955年肃反运动时，学习文件，经常看到把暗藏的反革命分子比作《聊斋志异》里的“画皮”，我想是不是可以用连环画来表现画皮这个故事。领导同志知道我的意图后，鼓励我用中国画形式来画。我曾认为用中国画形式来画连环画也是普及和提高的一种方法。这样胆子大了，想试试看。画皮中王生是个是非不明的人，而且意志薄弱，容易堕落。但旧社会遇到这样的人也不少，在我的朋友里就可以找到影子，我理解这样的人物，所以描绘起来并不十分困难。在表现形式方面，我喜欢金冬心、罗两峰的作品；罗两峰喜欢画鬼，笔触古拙，我参考他的画法，笔触也比较拙一些，人物形象也较夸张。

在十发画钟馗那一节文字中，我已从塑造钟馗的形象上，找到了十发和罗两峰的关系。在《画皮》连环画中，十发自报家门，两者走得更接近了。罗两峰曾画过《鬼趣图》。在《鬼趣图》问世之前，蒲松龄的《聊斋志异》已经刊行。《鬼趣图》多少受《聊斋志异》的影响。罗两峰同时代的人在《鬼趣图》上题诗，其中有“饿鬼啾啾啼鬼窟，不及豪家厮养卒，但能倚势得钱纸，鼻涕何妨长一尺”；“侏儒饱死肥而俗，身是行尸魂走肉”；“鬼中诸趣妙难寻，人生苦海自沉浮”等诗句，反映那个时代的社会。

恰如十发自己所说，他的连环画《画皮》，恶鬼及美女的形象都好处理，那个王生却很难画。从造型上看，王生是个既令人讨厌，又让人可怜的颇为猥琐的人物，但十发画得非常传神，比较符合原著的精神。还有那个道士的形象，画家用极为简洁的笔墨，一个框框就是一件道袍，肥胖的身躯虽然有点夸张，但由于笔意的舒展，样子并不显得臃肿，反而令人觉得有几分仙风道骨，脸部表情也有一种说不出的诙谐和幽默。

从毛笔制造出铜版画效果的《幸福的钥匙》插图到水墨连环画《画皮》，表现了十发的绘画艺术从传统到西洋，又从西洋回到传统，经过这样否定之否定的三沐三浴，艺术得到飞跃，开始走向成熟。这一表现同样体现在十发一年之后的西南边陲少数民族地区之行所创作的以少数民族为题材的连环画上。

对以后的连环画，十发说：

> 1957年春，我随美术工作团到云南德宏傣族景颇自治州写生。邵宇同志鼓励我在当地画傣族生活连环画，并在当地创作。我受到邵宇同志的启发和帮助，画了傣族民间生活长诗《召树屯》的连环画。虽然这是民间故事，但也须在生活中去寻找线索加以想象。孔雀公主是傣族人民最美丽的象征和最崇高的理想。在一次晚会上，

看见芒市小学一个女学生，她的形象是傣族少女美的典型，我就请她给我当孔雀公主的模特儿，在这基础上加以想象夸张，画其他人物也一样。因在当地画，方便不少，我尽量吸收傣族的生活，如背景中运用了当地古代建筑。同志们看了我的《召树屯》画稿以后，都认为构图较大胆新鲜。其实这也没有什么秘密，主要是从生活中去吸取养料，只有到生活中去吸收，才能使构图取之不尽，用之不竭，有新的意境。例如有一幅描写七个孔雀公主在金湖里洗澡的画面，不是我凭空想象出来的，傣族姑娘穿着长裙在河里洗澡是生活中常见的景象，而我还不能表现得很完美，但较凭空想象就有些不同了。从创作《召树屯》以后，我在创作方法上又有些体会，我感到中国画和西洋画的构图方法是有所不同的，不再拘泥于解剖、透视的束缚，而设法表现我从生活感受来的意境，也注意到如何渲染和夸张形象等诸问题。

程十发连环画《亚碧与山罗》

程十发连环画《召树屯和喃诺娜》

篇之捌

《儒林外史》和《西湖民间故事》

追根溯源，中国的连环画出现于汉代的画像石里，最具有代表性的是“武梁祠画像”，其中包含了许多单幅故事画，如“孟母断机”“荆轲刺秦王”“完璧归赵”之类，也有单刻的，如“伏生授经”之类。“荆轲刺秦王”是画与文字具备，似乎是画的说明文本；“一人向左怒发上指，两手向上伸足欲前者，荆轲也。一人在荆轲之后，以两手围抱荆轲之腰者，秦王之左右也。左一人俯伏于地者为秦武阳。下有一箧半启，中盛人头，为樊於其头。左有一柱，一刀横贯其中。柱左一人作惊避状者，秦王也。”

这里，“樊於期”作“樊於其”，“秦舞阳”作“秦武阳”，是同音假借。这幅图虽有文字，但没有故事的连续性。严格地说，还称不上我们今天所说的连环画。单幅的故事，大都有画无文。

但是到了六朝造像时，却有连环画图性质的资料。如魏孝昌三年（527）蒋伯仙造像记，在不分界的整幅画面中，就刻了“太子车”“到北城”等三段佛经变的故事。

魏武定元年（543）九十人造像记碑阳的三栏，也刻着释迦牟尼经变的故事。发展到敦煌壁画，大部分佛本传，都是带有连环画性质的。发展到隋，已经达到完整故事的阶段，幅数也大有增益。如“法华经变”“啖子故事”“萨埵那本生故事”“得眼林故事”等，不但是连环故事图，而且是彩色的。除了壁画，还有画在经幡上的佛经连环画故事，做道场、唱经时，这些画常常用来挂在经台旁边，一直延续到现在。唐代的墓葬壁画，以连环画的形式表现墓主生前的荣耀之事，也是常见的。

宋朝自雕版发明以后，书籍中刻图很多，也就是我们今天所说的插图出现了。这些书籍插图有的是单幅的，有的具有连环画性质，都是跟着书的内容画的。现在能看到较早的是南宋刻本中书舍人张商英《佛国禅师文殊指南图赞》，它既是木版插图，又是一种较好的连环画。有名的孔子传记连环画《圣迹图》，据说在宋朝就出现了，即使是一些著名的版本学家也很少见到。

插图式的连环画发展到小说、戏曲方面，那是到了元明时代。小说的插图始于元，戏曲的插图则盛于明，前者出现在元人评话，如《全相评话三国志》，是元至治建安虞氏刻，分三卷，蝴蝶装，凡69对页，每页上图（三分之一地位）、下文（三分之二地位），每一对页一图，每图有目，主要人物也注刻出来。至于戏曲插图，前文程十发的戏曲画与古典戏曲插图之间的关系一节中已做介绍，这里不再赘述。下面介绍一本既是插图又是连环画的戏曲集。

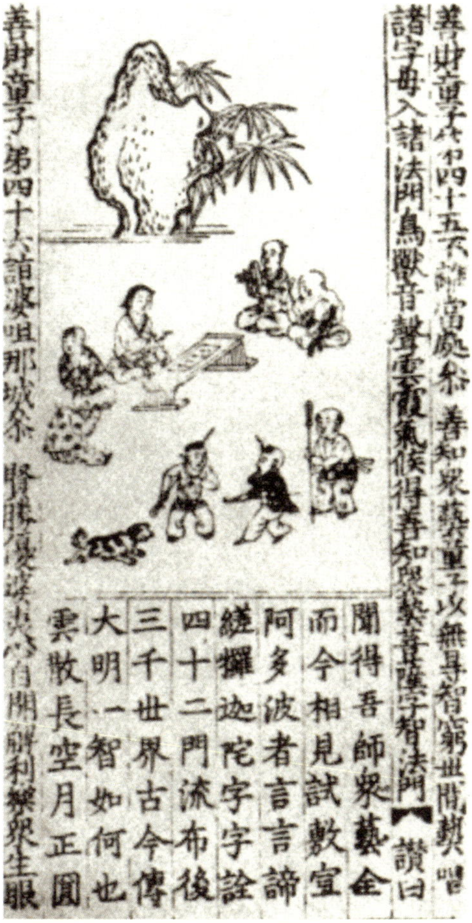

《宋刻佛国禅师文殊指南图赞》

明弘治十一年（1498）京师书肆全本岳家刊本《新刊大字魁本全相参订奇妙注释西厢记》，是历史上最早的《西厢记》插图本，此本牌记称：“本坊重写绘图，参订编次，大字魁本，唱与图合，歌唱了然，爽人心意。”这一版本的特点是上图下文，每页一图，图以戏文标目为单元分段，一

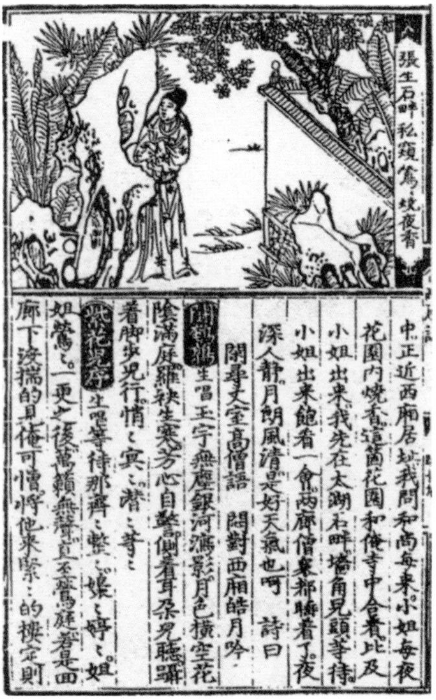

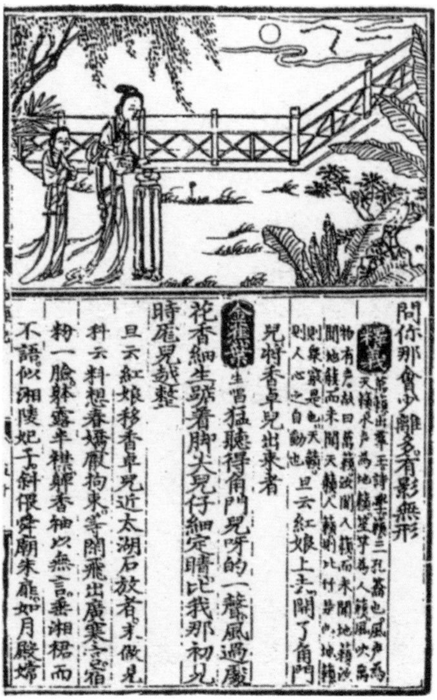

《新刊大字魁本全相参订奇妙注释西厢记》二幅

段内或二三图，或六七图，图与图之间在画面上前后相连，段与段之间则契合剧情发展，在情节上首尾相接，展开来看，是一幅“唱与图合”的连环画长卷。图版绘刻粗中有细，刀法上活泼而有生气，人物造型生动，配景布置典型，大至殿阁楼台，庭院书斋，古道长堤，小及一几一案，一石一木，一花一草，选取无不合宜。

这些古典木刻插图，不但对十发的戏曲人物画有影响，对他的连环画及书籍插图更有着直接影响。

1954年，十发接受了画《儒林外史》插图的任务。回忆起接受这个任务时，十发说：“《儒林外史》是杰出的中国古典讽刺小说，我很欢喜，人物性格复杂，很值得深入挖掘。”

这是北京外文出版社向他约稿，给他三年创作时间，出版社还组织几位画家为他审稿。给新版《儒林外史》做整理注释的包慧剑，还专门为十发“上课”，分析书中人物性格和如何在插图中刻画的问题。

包慧剑（1876–1971），字天笑，苏州人，是著名的报人，早在光绪二十多年时，就会合同志在苏州创办了《木刻月刊》，这是中国最早的杂志之一。严复翻译的《穆勒名学》《原富》等七书，都是包氏任职金粟斋译书处时经手校印的。那时他只不过是二十多岁的青年。今天已成历史人物的严复、张謇、苏曼殊、李叔同、章太炎、汪精卫、史量才……或是他曾亲炙的前辈，或是与他有文字之交，或是共同宴游的朋友。包氏著有《剑影楼回忆录》，娓娓地叙述了当年知识分子、学校、学生、报馆种种，使我们对那个时期的社会，增加了许多亲切的认识。有着这样经历的文化人，给十发讲解《儒林外史》，的确是最适当不过的了。

包慧剑细说《儒林外史》，对十发是有许多帮助的，所以他说："我受了许多启发和帮助以后，常常想尽量把人物性格刻画好，并且做了一些准备工作，如资料的考证等。"

十发所说的历史"资料考证"，除了考证范进之类人物生存的社会背景、风俗民情外，还有更为重要的就是参考这些古典书籍的木刻插图、木版年画等民间艺术，并进行了广泛研究。他还研究西方美术史，熟悉文艺复兴时期画家和油画雕塑作品；他研究欧美版画艺术和书籍插图艺术画家的作品，对但丁《神曲》、比亚兹莱的《莎乐美》等书的插图都极为推崇。这时，全国都在学习苏联，艺术也不例外。十发对苏联的绘画艺术及俄罗斯巡回展览画派画家的作品也进行了研究，如苏联画家基布里克的插图作品《塔拉斯·布尔巴》，十发就极为称道。这部作品造型夸张，用张力的姿态所描绘的斗争场面气势磅礴，极有感染力。所以在十发的连环画及插图中，吸收了这种人物造型夸张、动态带有张力的一些手法。

更值得一提的是拉斐尔前派罗赛谛（1828–1882）、米莱士（1829–1896）对十发的影响。拉斐尔前派憧憬于初期文艺复兴的画风，主张从拉斐尔以前的15世纪出发来从事创作。由于这些画家对文学有深厚的修养，罗赛谛本人就是文学史上著名诗人，因此他所作的书籍插图也富于诗情画意，而且善于接近人物的内心世界。十发对他的作品更是羡慕不已，甚至觉得这些画家用的线条对自己也很有启发，吸取了他们用线长处，可以弥补传统白描在表现人物性格方面的不足。这在他创作《儒林外史》插图的过程中，有着明显的借鉴，和明清版画传统艺术糅合而和谐统一。所以中国人看《儒林外史》插图说是来自中国传统版画，外国人看了说它和拉斐尔前派有着某些渊源。

十发说："连环画是一种再创作。譬如说现代画鲁迅的小说《伤逝》，情节简单明了得很。但要把它创作成连环画，就得好好地动动脑筋。"

连环画是再创作，书籍插图又何尝不是再创作呢？为《儒林外史》画插图，既要逼真地传达出原作的讽刺精神，又不能画成讽刺漫画，这个度不易掌握，是插图的难处所在，也是十发的成功所在。

画《儒林外史》插图，十发是有颇深体验的，虽然是几十年之后，他回忆那时的心境说："虽然《儒林外史》写作的时代离现在很远了，但在旧社会，那些附庸风雅、趋炎奉承的人物我是见过的，那些不学无术的假名士我也认识一些。我塑造的一些人物形象就尽量把他们作为影

程十发连环画《伤逝》

子，有的就是我的亲戚，如王玉辉当他的女儿为丈夫殉节以后，大笑出门而去，还道：‘死得好！死得好！’但心中矛盾痛苦到了极点。这个人物不是很简单，我想到我爱人的祖父就有些像王玉辉，他受封建礼教毒害很深，我就借了他的形象。画王冕穿戴屈原式的衣冠陪母亲在湖边游玩那幅画时，开始总画不好，后来回忆起我从前在松江泖湖春游的情景，产生了新的意境，画起来就顺手了。起稿时我也应用了模特儿，但并不受他的限制，我可以把胖子画成瘦人。总之，要符合我所要描绘的人物性格。给《儒林外史》画插图，初稿有一百多幅，定稿只有二十幅，淘汰了好多幅。”

从这里不仅能看到画家画插图之用功及艰辛，更重要是反映了画家是如何塑造和刻画人物形象的。

“范进中举”是《儒林外史》中最精彩的篇章之一，画家多欢喜以此作画，选择的又都是范进发疯后，丈人胡屠户上来打女婿耳光的一刹那。虽然是同一情节，但在画家笔下表现出来的却有着很大的不同。十发所选的是范进的岳丈胡屠户将打未打的时刻，透过两个人物的表情动作来提示人物的内心世界。图中范进正在那里拍手欢呼：“噫，好了，我中了！”一只鞋子不知踢往何处，连平时最惧怕的老丈人来到眼前，他也竟然没有发觉，看来确实是疯了。其脸上的表情，与其说是笑，不如说是哭，使人看了在发笑之余不免又感到一种凄凉。而那个胡屠户，本来教训女婿在他根本算不了一回事，但这时被人拉着，不敢轻易上前，左手把右手已经挽得很高的袖子又提了提，似乎要再给自己壮壮胆似的，充分表现了他心中的犹豫与恐惧。这是一幅极为成功的插图，没有采用漫画的手法，却充满了辛辣的讽刺，使人觉得既是一幕喜剧，更是一幕悲剧，而造成悲剧的社会根源则是封建的科举制度。

与范进属同一类型而比范进更老的一个童生是周进。如果说周进在遭到梅玖嘲笑时，还能尽最大努力来克制自己，那么，当他和一般与科举无涉的生意人一起参观贡院时，就再也控制不住自己的感情了。他

程十发《儒林外史》插图三幅

昏厥在地，痛哭不已，而他获知这些生意人愿意为他捐个监生时，又立即跪地叩谢，简直是丑态百出，全无体统了。十发选取的正是这个可怜人物从贡院出来后的两个场景。第二个场景是跪地叩谢。第一个场景尤为成功，它描写的是周进被人扶进茶棚坐下后，还在“揩鼻涕，弹眼泪”，忽然听到几个商人在议论如何凑钱为他捐个监生，参加乡试，他立即竖起耳朵，又下意识地把手放到耳旁，唯恐听漏了什么。这个动作是小说中未曾描写的，却完全符合人物的性格，使人看了觉得这个老童生真是又可怜又可憎。另外，作为背景而在整幅画中占了很大部位的贡院的门墙、琉璃瓦的屋顶、威风凛凛的看守人和一块“贡院重地，闲人莫入”的牌子，显示了科举的严肃与森严，然而，就在这严肃与森严之地，刚刚表演了一场老童生出乖露丑的活剧，这就使画面在对比中产生了强烈的讽刺效果。

十发画的插图，把《儒林外史》中的范进、汤知县、严贡生、胡屠户、王举人、张乡绅、牛布衣、匡超人、杨执中、权勿用这一群人物的

程十发《中国古代寓言故事》插图二幅

性格心术都活灵活现地露了原形，并形象地揭露“到了卑鄙之徒的灵魂深处”（果戈里语），如见其肺肝。

如今，很难听到画家对自己的作品检讨批评之声，谈起自己的画，特别是那些“时装式”的画，总给人有“老子天下第一”的印象。十发则完全不同，他有着自信，也有着“百无一个眼中人”的孤傲之气，但对自己的作品还是有着自知之明。谈到《儒林外史》插图，他说：

> 从这次创作中又学到了不少东西。总结经验，感到从整个插图来说，正面人物没有反面人物画得好。作品还有一个缺点，是构图虽然起到了刻画人物的作用，但比较拘谨，也缺乏中国古代版画人物的大胆夸张和自由发挥的艺术特点。以后，我想从古代版画里及古典的绘画中，学习构思方法和表现方法。不久就画了一册连环画《画皮》，做了另一种尝试。

从《儒林外史》插图总结出来的经验，在他以后的插图中都得到了改进。继续《儒林外史》插图写实画风的还有，如《星星草》插图，采用的是细微白描手法，生动地塑造了捻军领袖、僧格林沁、曾国藩等人物形象。与《星星草》插图写实风格迥异的是他的《西湖民间故事》插图。这套彩色插图很富有浪漫色彩。

《西湖民间故事》都是民间传说，寄托着人们的美好理想，故事的本身为插图的理想色彩提供了基础。《初阳台》描写的是一个寻求太阳的故事。故事很有哲理性：光明不能坐等，必须历尽千辛万苦，付出牺牲，才能寻求到手。画家描绘慧娘站在初阳台上，遥望东方日出时，笔墨之间自然而然地带有感情。图中慧娘的嘴微微张开着，充满了渴求，蝉衣般的衣裙在风中飘荡，使这个平凡的女子显得美丽而高大，仿佛并不是她一个人，而是一种希望的化身。她举目遥望的正是人们心目中盼望的，而这盼望已久的太阳终于在地平线上出现了，但见霞光万道，鲜

程十发《西湖民间故事》插图

程十发《西湖民间故事》插图

花盛开，光明又回到了人间。

《白娘子》是大家都熟悉的故事。画家笔下描述的是小青、白娘子与法海和尚最后斗争的场面。十发欢喜用对比的手法来造成强烈的艺术效果，这幅画面也是如此。美与丑，勇与怯，正义与邪恶，都在画面中形成鲜明的对比。作为背景，青、白二位身后，是用犀利的笔触挥出的线条，好像她们挟着风雷而至。而法海身后的几根芦苇是那样脆弱，好像风一吹就要倒。鲜明的背景对比，更烘托了人物性格的差异。

《钱王射潮》也是一个充满浪漫色彩的故事，富有理想和英雄主义精神。画面着重描绘的是一匹马、一位勇士。马的脖子和腿都被夸张了，然而自有一种夸张的美使它显得不同凡响。骑在马上的钱王，望着潮水微微冷笑，眉宇之间对胜利充满了信心。

从《儒林外史》插图到《西湖民间故事》插图的变化，正如十发所说中间经过《画皮》插图，走了一段不算太短的路程，这个过程就是“试图用美丽的理想去代替那不足的真实”，克服了前者的不足，带来的就是后来的发展与提高。这种收获是画家用对艺术的诚恳换取的。

程十发《西湖民间故事》插图二幅

篇之玖

《孔乙己》和《阿Q正传一〇八图》

程十发《孔乙己》

鲁迅笔下的孔乙己是破落了的大家子弟，也是穷读书人的代表，他读过书，但始终没中举，又不营生，以至于穷得几乎讨饭。他替人家抄书，可是喜欢喝酒，常到咸亨酒店去吃酒，有时候连书籍纸笔都卖掉了。穷极时混到书房里去偷东西，被人抓住，硬说是“窃”书不算偷。十发的《孔乙己》插图，可以说是写人物之神的代表作，图中设计了一个苍老憔悴病态老人，穿着破烂的接袖长衫，脚上套着双凉破鞋，邋遢而又寒酸。其中有一幅画的是孔乙己在咸亨酒店，为了一口黄酒和几颗茴香豆，被店老板伸出一个指头数落着，周围的人都带着嘲笑讽刺的表情。孔乙己拄着竹杖，一脸卑躬的样子，嘴微张着，手也不知如何放才好，完全是一个弱者的样子。酒桌上除了一筒筷子，什么都没有，地上放着他经常垫在屁股下的破蒲包和用来支撑走路的两块木板。另一幅图画孔乙己把不易得到的茴香豆一颗一颗分给孩子，表现他善良的一面。还有一幅画着孔乙己已不能走路了，坐在破蒲包上，几片枯叶在空中飘荡，又落在地上，他双手的手指僵直了，面部的表情也消失了，观之令人要落下几把辛酸泪。

《阿Q正传一〇八图》是体现十发艺术的代表作。

鲁迅的不朽名作《阿Q正传》问世后，已有不少著名画家为这部小说的人物阿Q造像、插图或画传，其中也有连环画，但篇幅不长，只有四五十幅。十发不畏前人，以满腔热情创作了《阿Q正传》连环画，并且还用了一百零八图这样长的篇幅。在这部作品中，通过连续画面，给我们展现了一个特别时期——辛亥革命时期——广阔而动荡的时代背景。在平面的画稿纸上，塑造出了一个立体的活生生的阿Q典型形象。这部连环画成功地运用可视形象再现了鲁迅《阿Q正传》的小说精神，在绘画史上虽不能说绝后，但可以肯定地说是空前的。

谈到《孔乙己》和《阿Q正传一〇八图》的创作，十发对笔者说：

> 孔乙己式的人物是旧式文人。这种破落户的后代，我年轻时还经常能看到，他们就生活在我的身边，在松江城里我也认识几位，他们认识一些字，家境破落了，生活的习惯及个性也很像孔乙己，这从一些动作习气也还能看到，他们都是我画画时的模特儿。
>
> 我家由莫家弄搬到马路桥，那里住着许多从绍兴来的乡下人，到秋天盂兰会时，这里是绍兴人活动的地方，他们出门坐的就是绍兴的那种乌篷船，男的头上戴阿Q式的破毡帽，妇女头上也挽着吴妈式的发髻。我们就生活在绍兴人的圈子里，可以吃到绍兴人烘制的糖年糕，也吃过绍兴人做的糕团。这样，我对鲁迅先生《阿Q正传》中的人物，有些熟悉，画的时候还是得心应手的。
>
> 我画的阿Q形象取材于一个送水的苦力。他是绍兴人，每天都要给每家每户送水，性格也有些像阿Q。

程十发连环画《孔乙己》四幅

《阿Q正传一〇八图》采用水墨写意的形式，不仅在形式上忠于原作，画出了阿Q的癞疮疤，阿Q的厚嘴唇，阿Q的伶仃瘦骨和破烂衣衫，更主要是通过人物的表情、神态和动作，画出他的内心世界，他的性格特征，使人看了感到他的确是个愚昧、麻木、落后的农民。这个农民有一种特殊武器——精神胜利法。过去，曾有人用漫画的形式来描绘阿Q，强调了这个人物可笑的一面。而十发所塑造的这个形象，则强调阿Q生活的那个时代的社会制度在这个农民身上造成的精神创伤，他不仅可笑，而且可怜，使人对他产生“哀其不幸，怒其不争”的感叹。

在这部作品里，十发不仅成功地塑造了阿Q这一形象，而且描绘了一批群像的两个阵营：一个是以阿Q为代表的包括王胡、小D、吴妈和小尼姑等在内的群体；一个是以赵太爷为首的包括假洋鬼子、举人、秀才和地保在内的群体。对这么一群人物，他一个一个画出每一个人物的外貌特征和性格个性，并且描绘得淋漓尽致，入木三分。

在《阿Q正传一〇八图》再行出版时，连环画大师顾炳鑫写了《重读〈阿Q正传一〇八图〉》的文章，他写道：“像翻看几十年前的旧照片那样，无论相片中的人物和背景，都会使人产生一种似曾相识的亲切和时间遥远的距离感。这部连环画描绘众多人物，从举人、秀才、赵太爷，地保到假洋鬼子，从阿Q、王胡、小D、吴妈到小尼姑，还有围绕着两个阵营的芸芸众生相，都刻画得那么真实可信，栩栩如生，似乎可以从这些人物身上闻到散发出的臭气、酸气、汗气和酒气，听到他们嬉笑怒骂发出的吆喝赌咒和嗡嗡声。从未庄到县城的环境描写中，画面给我们展现了一派江南旧城镇破败衰落的景象，在赵太爷的大宅院里，可以闻到散发出来的霉湿气，在土地祠的断残砖下，可以听到蟋蟀和秋虫的鸣叫声，这是这部连环画带来的艺术魅力和感染力。”

顾炳鑫的这段话，为我们欣赏这部连环画起到了导读的作用。

在文学作品中，细节最能打动人心，也是最有生命力的。在绘制中，十发动用了各种细节来刻画阿Q这个人物，最巧妙生趣的是伴随着阿Q的那些破鞋子，无论是得意或者失意之时，阿Q总是把一只鞋子脱在旁边，他的那个脚丫子似乎在一伸一曲地晃动着。第一图画阿Q披着衣服，手拿烟袋，在抽烟想心事，他的一只鞋子脱在旁边，脚指翘着，这是我们常见的农民的习惯动作。第十图，别人说他“癞”，他就与人争斗，烟袋扔在地上，赤着一只脚，那只鞋子不知飞到哪里去了。第三十六图，阿Q在赵太爷家坐在凳上跟吴妈谈天时，也是把脱了鞋子的脚丫子翘在膝盖上，还吸着旱烟。在全书一〇八图中，有十二幅画着阿Q和鞋子，看似漫不经心的一笔，却刻画出阿Q散漫的性格。

伴随着阿Q的还有一群孩子，随着情节的发展，阿Q的种种遭遇，这些孩子时惊、时喜、时悲、时疑，表现出不同的反映。孩子是最天真无邪的，对阿Q也是没有任何成见的，作者正是借用孩子率真纯洁的反映，来抒发内心对阿Q这个人物的“不幸”与“不争”的同情心。画面上还利

程十发连环画《阿Q正传一〇八图》二幅

用动物——如几只好斗鸡雏的描绘，来衬托阿Q在某种遭遇时的心境；还有画一条狗，狗仗人势，落井下石，专门欺负身处逆境的阿Q。显然画家的用意主要不在于孩子和动物，更不是为了画面构图的补白和填空，而是在对原作有了深刻的剖析理解，并经过消化，产生自己灵感后，一种艺术的再创作。

《阿Q正传一〇八图》遵从形象思维的规律，用想象的连续性取代实际场景的连续性，给读者以广阔的想象空间。譬如，当阿Q和吴妈坐在一条长凳上聊天时，作为背景的厨房有灶台和种种炊具；当吴妈跑出去，剩下阿Q一个人跪在长凳边时，那灶台和炊具都不见了。这正是画家的匠心所在。按常规，这里还需要有几个画面才能衔接，但这样势必造成画面的重复。画家把一些画面省略了，场景的调度改变了画面的重复感，积极地运用象征性手法，用一片空白喻示了阿Q爱情生活的毁灭，又给人以想象。还有阿Q押牌室场景的省略与转换，也有着这样的艺术效果。

《阿Q正传一〇八图》中，画家在一些画面中常常用简略的背景或省去背景的方法，把人物的传神之处——眼神——刻画出，透过眼神来表现阿Q的内心世界。当阿Q摸了小尼姑的脸，回到土地祠后，画家着重描写他凝目痴想的神态；当阿Q坐在长凳上背着吴妈聊天时，画家让他的眼珠偷偷瞟向后面；当阿Q独自跪在长凳前，画家让他眼望空墙，现出一副茫然若失的样子。画家画了不少阿Q独处的场景，都在着意刻画阿Q的眼睛，如阿Q在土地祠自己打自己的嘴，他感到打的不是自己，而是别人，那眼神虽坚定却空洞；还有那幅阿Q赤着膊走着，嘴里念叨着“我总算被儿子打了”，目光向前，仿佛真的是胜利者的目光了；当阿Q被人欺负，他自我安慰“你还不配……”又是一种愤怒的目光。阿Q在不同的遭遇中用不同的精神胜利法来安慰自己，他的目光总是不同的，用以表现不同的心情。

与只有人物没有背景，或背景简化相反，有的图只有背景没有人物。这在十发的水墨画中常见，但在连环画中并不多见。《阿Q正传一〇八图》既然是用水墨画画连环画，画家就把画水墨画积累的经验用到连环画中去。阿Q走出村镇，去静修庵“求食”时，画中没有出现人，出现的是一道通向静修庵的曲曲折折、长而又长的那种绍兴或江南水乡常见的石板桥，以及青苗遍野，乳燕双飞。这是一种象征手法，使读者自然而然地发生感叹：仅仅为了偷几根萝卜充饥，这个可怜的人走了那么长的路啊！在另一图中，阿Q由城里回到未庄，也没有画人，只画了中秋月色，一汪江水，两叶轻舟，以及村舍和石桥。这恬静幽美的风景画面也暗喻着“中兴”后的阿Q与破夹袄时期的阿Q是有些两样的了。还有些画面，虽然有人物，但人物所占的位置极小，而且被处置在角落里，类似于山水画。人物虽为陪衬，但画的主题要表现的却是人物的思想。有一幅图表现阿Q决计出门求食，自己的棉被、毡帽、布衫、棉袄都没有了，现在只有一条裤子，但裤子又是万万不能脱的。阿Q走出空虚而且了

程十发连环画《阿Q正传一〇八图》二幅

程十发、张金锜和顾炳鑫夫妇

然的屋子。画家把阿Q处理在街的尽头，画面是酒店、药铺、撑起的雨伞、蒸笼……像一幅小小的清明上河图。而阿Q背对着这一切，表明这一切都不属于他的，看了令人凄然。

对十发在《阿Q正传一〇八图》中所表现出的笔墨个性，我还是引用连环画大师顾炳鑫的话最为确切。顾氏对十发的绘画艺术知之甚深，他说："十发兄是以其擅长的、具有独特个性的、以线描为主体的写意方法来描绘这部作品的。每幅画面上的用线，或粗或细，或湿或干，或畅或涩，或短或长，纵横驰骋，给人以潇洒自由而带随意的舒畅感，显示了作者在艺术技巧上纯熟和深厚功底，更体现出了画家对作品所描写的生活有着深厚的阅历。因此笔尖下流出来娴熟自由而带随意的线条，正是作者情感的抒发和思想的倾诉，是情感和技巧的结晶，从而形成了十发兄线描艺术的特色和风格，这是对传统线描的一种突破和发展。在技巧的运用上，需要再提一笔的是，这部作品每册画面上，在人物身上或在背景的某个地方，罩上一抹淡淡的赭石色，这不仅是为了丰富画面的层次，而是为了突出人物主体，在于烘托出灰暗而凝涩的时代气息。”

《阿Q正传一〇八图》是1961年为纪念鲁迅八十诞辰而创作出版的。到1981年，恰逢鲁迅一百周年纪念诞辰，该书又重新出版。十发在为重印而写的《画后小记》中这样写道：

程十发在青藤书屋

当时我绘制阿Q时，我对他没有真正的领会，以为阿Q是阿Q，我是我。自从经历了这不平常的二十年，我才觉得阿Q与我并不太远。在我小生产小私有者的灵魂里，有着阿Q式的创伤，它是阻碍我前进的枷锁。所以我自己再看到这些图画时，我会产生痛苦，希望把我心灵里的创伤早日根治掉，加紧步伐，走在时代的前列。

从这部连环画的再版到今天，又是二十多年的时间过去了，十发已是八十三岁老翁，如今要他再重读或重画阿Q正传时，又该是怎样一部作品呢?

篇之拾

杂剧《琵琶记》、电影蒙太奇和连环画《胆剑篇》

《胆剑篇》是曹禺的新编历史剧。剧本上演之际，我国正处在天灾加人祸所造成的三年困难时期，越王勾践卧薪尝胆，复国雪耻的决心和意志，给观众以很大的策励。像我们这一代人，当时都为曹禺以大手笔写出这样历史话剧所倾倒，在精神上受到鼓舞，得到振奋。欣赏和赞美之余，人们也对这个历史剧的现代化倾向提出意见，专家学者们并把自己的意见投诸报馆，公之于报端，开展了所谓学术性的大讨论。人们认为历史剧虽然不是历史，容许虚构，但它的人物及言行至少应该在当时的历史条件下是可能存在的，而不应当变成穿着古装的现代人。当时编这个历史话剧，就是为政治服务的，就是要讲现代人所谓的话，否则怎能容许它走上舞台和观众见面呢？

现在看来，这是很简单的事情，但当时还是要进行煞有介事的大讨论。

程十发赞赏《胆剑篇》的主题，却也同意不要把历史剧现代化的批评，所以他在创作连环画《胆剑篇》时，就注意到不要重蹈“现代化”的复辙，在绘画的形式上，他采取了一种特别古老的风格。

关于《胆剑篇》连环画的艺术成就，我们还是听听顾炳鑫是怎样说的：

画家为了表现公元前春秋吴越兴亡这个历史故事，让作品人物形象具有历史感，在创作构思、画面布局上，充分调动了他熟悉的资源，并巧妙贴切不落痕迹地运用到这部连环画中。在这个作品中可以看出有战国秦汉时期艺术中帛画、画像石的某些造型，也有魏晋南北朝墓中壁画、砖刻、漆画和卷轴画的影子，因此使这部连环画能具有古朴浑厚鲜明的时代特征。画家采用他擅长的传统线描，极富装饰性。画面处理有时采用散点透视，可层层重叠，也可分割成块，把不同时间空间的内容组合在一起，使画面丰富饱满，而层次分明；有时采用焦点透视，用以把观者的目光引向主体。有些画面沿用了人物绣像的造型方式，大片留白突出对主要人物刻画，使读者产生强烈的印象而引起共鸣。他对于古今中外资料的应用、借鉴和吸收，不是拼杂盘，而是“融合”了“诸多因素”，通过消化和辛勤的创作劳动，才达到“本身”的“功能与任务”完美统一。《胆剑篇》是十发在连环画中的一部代表作，一部崭新形式的历史连环画。

十发在《胆剑篇》中运用的“积累重叠远近法”，不经他自己介绍，谁都难以相信这个画法的形成是从最现代的电影蒙太奇和最古老的元人杂剧中得到的启发。

看电影是十发的一大嗜好，和他喜听昆曲的嗜好并重。在这里，笔者不用“爱好”和“兴趣”，而用“嗜好”来形容之，说明他好此之深，已经成瘾。从年轻时代起，他对中外电影无所不看，尤其是欧

程十发连环画《胆剑篇》四幅

美及苏联时代的电影，有则必看。他看电影当然是看故事，《列宁在一九一八》《大人国》及《葡萄熟了的时候》，都是根据电影故事改编的连环画。他更为注意的是电影镜头的剪接方法，也就是20世纪在电影界广为流行的“蒙太奇”。

较早把“蒙太奇”运用到电影中去的是苏联早期电影导演爱森斯坦。十发不但看爱森斯坦导演的电影，而且研究他的导演理论。在研究中，十发突然发现这个爱森斯坦还懂中国画，还为中国画的布局下了定义，叫“积累远近法”。谈到这里，十发对笔者说：“爱森斯坦的研究，中国画家或理论家都没有发现，看来我们对中国画传统的构图方法叫散点透视，恐怕要认真讨论一下了。”

在前文“舞台速写”一节中，讲了十发与昆曲的关系，讲他爱看昆曲，能拍曲，也画了许多和戏曲有关的画，把古代戏曲插图版画吸收到自己的创作中，但直接对连环画产生影响的还是他读《琵琶记》剧本。十发曾告诉笔者：“1958年，我在为郭沫若的新编历史剧《蔡文姬》画插图，认真地读了元人高则诚写的《琵琶记》，该剧一开场就是副末的上场诗：‘极富极贵牛丞相，施仁施义张广才，有贞有烈赵真女，全忠全孝蔡伯喈。’然后是一阕《沁园春》介绍剧情：‘赵女姿容，蔡邕文业，两月夫妻。奈朝廷黄榜，遍招贤士；高堂严命，强赴春闱。一举鳌头，再婚牛氏，利绾名牵竟不归。饥荒岁，双亲俱丧，此际实堪悲。堪悲赵女支持，剪下香云送舅姑。罗裙包土，筑成坟墓；琵琶写怨，竟往京畿。孝矣伯喈，贤哉牛氏，书馆相逢最惨凄。重庐墓，一夫二妇，旌表耀门闾。’这首词已将剧情交代得很清楚了，但是观众为什么还能静心地看下去？那就是用电影蒙太奇的手法，把故事一个一个叠上去。如最短的一折是‘扫松下书’，是写蔡伯喈派家人李旺回乡接父母进京，在墓地与张广才相遇，

程十发连环画《列宁的故事》封面

事情就这么简单，但故事重叠，语言诙谐，从简单中看出不简单。‘蒙太奇’手法在中国的戏曲中早就有了，我尝试用此法画《胆剑篇》，感觉还不错。《琵琶记》开场那曲《水调歌头》写得相当概括，文字也很漂亮，其中有‘休论插科打诨，也不寻宫数调’两句，说明高则诚在创作时就打破常规，有新的突破。”

十发所谓“故事重叠”，的确是《琵琶记》结构奥妙之所在。全本四十二折，其布置之法，将蔡宅与牛府景象交互演出，以“富贵”与

程十发《怀素书蕉图》

"贫贱"对照，使观者同情集中于赵五娘，一面以牛府之安乐华丽，调节蔡家生活之凄惨，使观者不胜怆然鼻酸。此外有丑角相串，插演滑稽场面，在紧张之中又可轻松一下。明吕天成评之曰："其词之高绝处，在布景写情……穿插甚合局段，苦乐相错，具见体裁，可师可法，而不可及。"虽说编剧无人可及，但十发以自己的悟性与智慧，还是参破了其中的奥妙，数百年后把其法用在连环画的创作上，取得别开生面的成就。

《胆剑篇》连环画的艺术成就，顾炳鑫已有了精辟的分析，除此之外，还有画家为画面加以粗框，人物的名字就标在框上，这完全从明清版画中来，甚至可以追溯到南京西善桥南朝土墓中砖画《竹林七贤》。为了写出人物个性，画家在造型、情绪及动作设计上都做了适当的夸张

程十发连环画《列宁的故事》四幅

程十发《西施与范蠡》

变形；在笔墨线条、敷彩渲染上加以调度处理；在背景道具、构图经营方面也是为了突出人物性格而设计的。图中几个主要人物范蠡、勾践、伍子胥等，既有鲜明区别的外貌，更具有各自传神的刻画，在“勾践卧薪”“范蠡进谏”“子胥饮剑”等这些情节里的人物，经过构思和图的巧妙安排，对人物表情动态的设计，用流动酣畅的线条笔墨，细腻地表达了人物个性和精神，达到了写形传神的效果。连环画的画面小，人物小，但这个作品由于很成功地抓住了这一特点，使得画面看来不大的人物形象，能够产生似京剧中亮相那种强烈的振聋发聩的效果。

十发还把“蒙太奇”的联想效果运用到中国画的创作中去。十发曾作缘天庵《怀素书蕉图》，画面写芭蕉数层，蕉层有佛家打坐的蒲团、青石板，石上置砚一、笔三、墨一、水盂一，唯独不画人。写字的人到哪里去了？但那笔锋还在弯着，砚上的墨迹还有着湿润之感，铜的水盂上还泛着鲜嫩的铜绿，地上一簇野花，石柱上一只小鸟……都说明书者怀素离去不远。他干什么去了？凭观者去联想吧。对十发有“发老之尊”的金石书画大家韩天衡评之曰：“构思去常规而出人意想，造型去逼真求神似，构图去俗套而求奇崛，笔墨去陈法而求灵变，意趣去迂腐而求清新，为发老看家本领。”韩氏所赞颂之一切，尽在此图中矣。

前文提到的《屈子行吟图》构图之别致。无独有偶，与之构图相似的还有《采药归来》。此图写陆放翁诗意，以堤岸为近景，中景采药和荡漾轻舟，远景几朵野花。再就是《西施与范蠡》一图，一叶轻舟，在三万六千顷烟波里，近景是杂草丛生。这三幅奇特的构图，既有郭河阳

程十发《采药归来》

的三远之法，又有电影淡出的镜头，更有昆曲虚虚实实的写意意境。本是静静的画面，使观者跟着电影镜头的转动，从平远、高远渐入深远，景物淡出，进入完全诗化的境界，留下无尽的回味，耐人咀嚼。

九松山庄虽在大洋彼岸，但和中国传统文化血脉相连，十发有暇即专程瞻观中华瑰宝。他在白描小卷《归来图》上的题跋，表现了他对流散在海外的中国书画瑰宝的眷恋之情。其跋曰：

> 丁丑之夏，余客纽约斯坦顿，一日发车北上波士顿，获瞻传阎立本历代帝王图。戊寅之春，又自旧金山赴夏威夷，于艺校图书馆得瞻陈老莲为周栎园作归去来图，及另一纸本杂册，皆赏心之作也。后返旧金山小息，应牧滔仁兄之属写此白画小卷，此画无底稿，信手拈来，笔自肺腑中出，当以画外求之。

十发常云：“刻画白描人物尤如杂技中的走钢丝，稍有不慎，全卷皆废也。”观十发此白描小卷，信笔画来，飘然洒脱，神笔妙境，真不知人物为神耶？仙耶？卷首有十发自题“信似闲庭散步”，是写其笔意？写其心境？写其现世之生活？对九松山庄真正能登其堂、入其室者方能得其真知，外人莫敢道也。

后记

岁月匆匆，《壮暮堂谢稚柳》《大石斋唐云》《三釜书屋程十发》《高花阁陈佩秋》“与大师谈艺”四种，出版距今已经十五个春秋了，读者朋友也许不复记忆，但文汇出版社高情厚谊，要把余之拙作四种，重新出版以飨读者，我真的有些惶恐不安。壮暮堂、药翁、发老已驾鹤西去多年，每忆及不禁黯然，更有旧梦难温之苦。因余之粗疏，三翁的“大师谈艺”出版后留下许多遗憾，但都难再补记之。二〇二〇年即为壮暮堂、药翁一百一十周年诞辰，谈艺录之再版，也是一个纪念吧。唯高花阁佩秋老师，神清气朗，是向茶寿者，余亦不敢多做叨扰，只能把她的高雅之谈以“篇之外”载于书后，期与读者朋友有共享之乐。

二〇一九年十月　时年八十又五

图书在版编目（CIP）数据

三釜书屋程十发 / 郑重著 . -- 上海 : 文汇出版社，
2020.8
（与大师谈艺）
ISBN 978-7-5496-3249-7

Ⅰ . ①三… Ⅱ . ①郑… Ⅲ . ①程十发（1921–2007）
– 生平事迹②中国画 – 绘画评论 – 中国 – 现代 Ⅳ .
① K825.72 ② J212.05

中国版本图书馆 CIP 数据核字 (2020) 第 113101 号

（与大师谈艺）

三釜书屋程十发

著　　者 / 郑　重
责任编辑 / 鲍广丽
封面摄影 / 程多多
装帧设计 / 观止堂 _ 未氓

出 版 人 / 周伯军

出版发行 / 文匯出版社
上海市威海路 755 号
（邮编：200041）
经　　销 / 全国新华书店
排　　版 / 南京观止堂文化发展有限公司
印刷装订 / 安徽新华印刷股份有限公司
版　　次 / 2020 年 8 月第 1 版
印　　次 / 2020 年 8 月第 1 次印刷
开　　本 / 720×960　1/16
字　　数 / 120 千字
印　　张 / 11.5

ISBN　978-7-5496-3249-7
定　　价 / 68.00 元